Aventura Nueva: 1

Framework Edition

> ROSA MARÍA MARTÍN > MARTYN ELLIS

Hodder & Stoughton
www.hodder[...]line.co.uk

Acknowledgements:

The authors would like to thank the following people for their contribution to the production of this book:

Tessa and Isabel Ellis, our daughters; the Señores Manuel Martín and Rosa Yuste; the children of Belchite and Zaragoza who allowed themselves to be photographed and recorded; the director, staff and children of Colegio Belia, Belchite and of Colegio San Ramón y San Antonio in Madrid; the director and staff of the Centro Cultural Delicias, Club A Dalla and Club Musaraña in Zaragoza, and of the summer camp in Broto; children from Broomfield School, Enfield and the Spanish School in Wood Green, London; Yolanda Charlan for her help in organising a photo shoot; all the friends and relations who allowed us to photograph the interiors of their houses, their vehicles, taxis, shops, businesses and themselves; Gerald Ramshaw and Franco Capone for sound and songs; and finally the team at Hodder: Tim Weiss, Clare Dubois and Katherine Pageon; not forgetting everyone else who has contributed to this book.

Cover photo: La Mezquita in Cordoba © Getty Images / Taxi

The authors and publishers are grateful to the following for permission to reproduce photographs:

©REX/Camilla Morandi pp.21,61; ©REX/Matt Baron/BEI pp.21,61; ©REX/Ken McKay pp.21,61,75; ©Contifoto/Corbis Sygma p.41; ©Carl & Ann Purcell/Corbis p.52 (b); ©Danny Lehman/Corbis p.52 (c); ©PA Photos/EPA p.61; ©Eyewire p.108 (a,b,e), p.112 (8); ©Corel p.108 (c,d,f); ©Kim Sayer/CORBIS; ©Jon Sparks/CORBIS p.116; ©Jeff Griffin/Life File p.122; ©Francesco Venturi/Corbis p.135; ©Dave G.Houser/Corbis p.135; Michael Dunne; Elizabeth Whiting & Associates/Corbis p.160; ©REX/Lewis Durham p.160; ©Gareth Brown/Corbis p.160; Salvador Dalí, Spanish, 1904-1989, The face of Mae West, gouache over photographic print, c.1934, 28.3 x 17.8cm, Gift of Mrs. Gilbert W. Chapman in memory of Charles B. Goodspeed, 1949. Photograph © Salvador Dali, Gala-Salvador Foundation, DACS, London 2003, 1994, The Art Institute of Chicago, All Rights Reserved, p.161; © Onne van der Wal/CORBIS p.175; Picasso, Les Demoiselles D'Avignon, 1907. Institut Amatller d'Art Hispanic © Succession Picasso/DACS 2003 p.185; © Matthew Driver for photos of school children pp.5, 6, 7, 12, 14, 28, 31, 32, 36, 46-7, 51-3, 65, 67, 84, 96, 111, 113, 117, 120, 133, 180.

The authors and publishers would like to thank the following for permission to reproduce copyright material in this volume:
Ayuntamiento de Zaragoza and Brut de diseño p.198; McDonald's Sistemas de España, Inc. p.87; Santanilla, S.A. p.182.

The authors would like to thank the following for use of their material:
Ayuntamiento de Belchite p.197; Chica Hoy CIBRA, S.A. p.115; Superpop p.94; Suplemento Semanal p.41.

The authors and publishers have made every possible effort to trace all copyright holders. In the few cases where copyright holders could not be traced, due acknowledgement will be given in future reprintings if copyright holders make themselves known to the publishers.

Orders: please contact Bookpoint Ltd, 130 Milton Park, Abingdon, Oxon OX14 4SB. Telephone: (44) 01235 827720. Fax: (44) 01235 400454. Lines are open from 9.00–6.00, Monday to Saturday, with a 24 hour message answering service. You can also order through our website www.hodderheadline.co.uk.

British Library Cataloguing in Publication Data
A catalogue record for this title is available from the British Library

ISBN 0 340 868805

First Published 2003
Impression number   10 9 8 7 6 5 4 3 2
Year   2007 2006 2005 2004 2003

Typeset by Pantek Arts Ltd.
Printed in Italy for Hodder & Stoughton Educational, a division of Hodder Headline, 338 Euston Road, London NW1 3BH.

Aventura Nueva: ①
CONTENTS

¡Bienvenidos a Aventura Nueva! **3**

Unidad A   **Tú y tu instituto**

Lección 1   ¡Hola!   **5**
■ male and female names > *llamarse*

Lección 2   ¿Qué tal?   **11**
■ word order in Spanish > *tener* (with age)

Lección 3   Mi cumpleaños   **17**
■ *ser/es* > possessive adjectives

Lección 4   La cartera   **23**
■ nouns: masculine/feminine; singular/plural > articles: *un/una; el/la*
> negatives > plurals

Lección 5   Mis asignaturas y mi instituto   **28**
■ *estudiar* > definite article: *el/la/los/las* > *hay/no hay*

Diversión   **37**

Unidad B   **Tú y los demás**

Lección 6   Mi familia   **38**
■ *tener* > *llamarse/se llama* > word order

Lección 7   ¿De dónde eres?   **44**
■ nationalities: masculine/feminine > *ser* > *–ar* verbs

Lección 8   Vivo en Madrid   **51**
■ *–ir* verbs > adjectives: masculine/feminine (colours)

Lección 9   ¿Cómo es?   **57**
■ *ser* + adjectives of description

Lección 10   En el club juvenil   **64**
■ *éstos/éstas* > *ser* + adjectives > plural of adjectives

Diversión   **70**

Unidad C   **Tú, todos los días**

Lección 11   ¿Qué hora es?   **71**
■ *es/son* + time > preposition: *a* > *ir*

Lección 12   Un helado, por favor   **79**
■ *querer/quiero* > *usted*

Lección 13   Gustos y disgustos   **85**
■ *gustar* > use of articles > *¿por qué?/porque*

Lección 14   Tú, todos los días   **91**
■ *–ar/–er/–ir* verbs in present tense > radical-changing verbs

Lección 15   ¿Qué haces?   **97**
■ *hacer/ir/jugar* > prepositions: *a (a la, al), en, con*

Diversión   **103**

Unidad D   Tú y el tiempo libre

Lección 16   **¿Qué te gusta hacer?**   **104**
■ *gustar* + infinitive

Lección 17   **¿Quieres ir al cine?**   **111**
■ *querer* + infinitive > *gustar* + infinitive

Lección 18   **Me gusta ir de compras**   **117**
■ indefinite article: *un / una / unos / unas* > more **–ar** verbs

Lección 19   **Ropa de invierno, ropa de verano**   **123**
■ more on agreement of adjectives > *llevar*

Lección 20   **Los regalos**   **130**
■ immediate future: *ir a* + infinitive > preposition: *para*

Diversión   **136**

Unidad E   Tú y tu mundo

Lección 21   **De vacaciones**   **137**
■ *estar*

Lección 22   **¿Cómo es tu ciudad?**   **143**
■ *es / hay / está* (contrast)

Lección 23   **¿Cómo es tu casa?**   **149**
■ prepositions and expressions of location

Lección 24   **Mi habitación**   **156**
■ *ser* (plural) > prepositions and expressions of location

Lección 25   **¿A qué hora te levantas?**   **162**
■ reflexive verbs: *levantarse* > reflexive pronouns: *me / te / se*

Diversión   **168**

Unidad F   ¡En marcha!

Lección 26   **El tiempo**   **169**
■ *hacer* + weather expressions > *llover, nevar*

Lección 27   **Vamos de excursión**   **176**
■ verbs: present plural

Lección 28   **¿Qué tal estas?**   **183**
■ *estar* + adjective > *doler* + pronouns

Lección 29   **Fui a la ciudad**   **189**
■ introduction to the past tense of *ir* and *ver*

Lección 30   **Las fiestas**   **195**
■ grammar revision

Diversión   **200**

Mapa del mundo hispano   **201**

Instructions for tasks   **202**

Gramática (Grammar)   **204**

Vocabulario: Español – Inglés (Spanish – English)   **209**

Vocabulario: Inglés – Español (English – Spanish)   **212**

¡Bienvenidos a Aventura Nueva!

Welcome to **Aventura Nueva**, the new course that will help you to learn Spanish and to have fun at the same time! We hope you will find Spanish an exciting and interesting language to learn. As well as in Spain, Spanish is also spoken in most Latin American countries and is the first language for many people in the USA. Just look at the map at the back of the book. You will also be able to understand and use lots of Spanish words very quickly because they are similar to English words.

Each of the book lessons is divided into about three sections. At the beginning of each section you will often find a starter task called **¿Qué sabes?** which helps prepare you for what's coming up. At the end of the lesson, you will find a section called **¡Ya sabes!** which helps you summarise what you have learnt in that lesson. Each section presents new things for you to learn and then helps you practise through listening and speaking or reading and writing tasks. There are also grammar summaries and exercises to test your knowledge every step of the way. As you progress, you will recognise many of the words and ideas from the literacy work you did in primary school.

Here are some hints to help you get the most from
Aventura Nueva:

- In class try to speak Spanish at all times, even if you are not sure of the words. See how quickly you can communicate with each other in a foreign language even if you make a few mistakes along the way.
- Use the glossary or your dictionary to look up words you don't know and make your own vocabulary book in alphabetical order. Learning vocabulary regularly is very useful.
- Use the grammar sections at the end of every lesson and at the back of the book to help you understand how Spanish sentences are formed and to revise what you have learnt in class.
- Make sure you do the exercises in this book and in the **cuaderno** if you are using one to help you practise the language you learn in class.
- Most important of all, enjoy yourself.

GOOD LUCK! ¡Buena suerte!

Symbols in **Aventura Nueva:**

These are the main symbols to describe what kind of task you are doing. They are normally followed by more detailed instructions in Spanish and/or English.

 ¿Qué sabes?   A starter activity to introduce you to the theme of the lesson or the section.

 Listening

 Speaking

 Reading

 Writing

 Pairwork

 Tells you that you should use the glossary or your dictionary.

 Reminds you to look at the Gramática section at the end of every lesson.

Pronunciación   Points out Spanish sounds and their link with spelling.

¡Atención!   Helps you with vocabulary or other parts of the language.

 This activity helps you to practise the language you have studied in today's lesson.

¡Hola!

TOPIC FOCUS
- Greet people and say goodbye
- Introduce yourself and say your name

GRAMMAR
- Male and female names
- Verb: *llamarse* (to be called)

A ¡Hola!

 ¿Qué sabes? **¿Qué dicen?** *What are they saying?*
Have you heard any of the expressions
in Activity A1 before?

1 Escucha y repite.
Listen and repeat.

2 ¿Qué dicen? Habla con tu compañero/a.

What are they saying? Speak with your friend.

Ejemplo	1 = Buenas noches.

B Tu nombre

 ¿Qué sabes?   *Look at the names in Activities B3 and B5. Indicate the names that are similar in English. What do you think* Me llamo *means?*

3 Escucha y ordena las fotos.

Listen and put the photos in the right order.

Ejemplo	1 b

¡Hola! Me llamo Leticia.

2 __   3__   4 __   5__

a Raúl   **b** Leticia   **c** Tatiana   **d** Tessa   **e** Héctor

 4 Ahora tú. Habla con tus compañeros/as.

Now you. Speak with your friends.

Ejemplo	¡Hola! Me llamo .... ¿Y tú?

> **¡Atención!**
> *y* = and *tú* = you
> *sí* = yes *no* = no

5 **En clase**

Escucha al profesor. ¿Quién no está en clase?

Listen to the teacher taking the register. Who is not in class?

1 Juan **2** David **3** Pilar **4** Miguel **5** Antonio

6 Pedro **7** María

8 Gustavo **9** Sara

10 Beatriz **11** Teresa

12 Ana **13** Daniel

14 José **15** Alejandra

16 Isabel **17** Ignacio

18 Carmen **19** Margarita **20** Jaime **21** Rosa

6 **Un poema**

The little donkey knows more than you.

a, e, i, o, u
M**á**s sab**e** el
bur**ri**t**o** qu**e** t**ú**.

1 **Names**

Chic<u>os</u> (boys)	**Chic<u>as</u>** (girls)
Antoni<u>o</u>	Antoni<u>a</u>
Gustav<u>o</u>	Sar<u>a</u>

Pronunciación

Vowels in Spanish have a very short, sharp sound. Escucha:

A	E	I	O	U
Ana	*Elena*	*Isabel*	*Oscar*	*tú*

Ahora tú: *Pepe María Susi Rosa*

 7 **Habla.**

A: ¡Hola! Me llamo Juan.

B: Buenas tardes.
   Me llamo Sara.

A: Adiós, Sara

B: Adiós, Juan.

C ¿Cómo te llamas?

 ¿Qué sabes?   *Look at these names. Match each one with a picture. Listen to check.*

Ejemplo   1 = Mar

a Mar

b Sol

c Paloma

d Nieves

e Ángel

f Blanca

g Rosa

8 **Escucha.** *Listen.*

¡Hola! ¿Cómo te llamas?

Me llamo Leticia. ¿Y tú?

Me llamo Tessa.

2   *¿Cómo te llamas?* = What's your name?
Me llamo Tessa. = My name is Tessa.

9 **Ahora tú. Habla con tu compañero/a.**
Now you. Speak with your friend.

10 Escucha a las profesoras y al profesor. Elige la palabra correcta.

Listen to the teachers.
Choose the correct word.

Me llamo ………. García.

Me llamo ………. Pérez.

Me llamo ………. Martín.

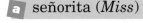

a señorita (*Miss*)

b señor (*Mr*)

c señora (*Ms or Mrs*)

 11 Lee y ordena el diálogo.

Read the dialogue and put it in the right order.

Ejemplo 1 = a

a ¡Hola!

b Adiós, Tessa.

c Me llamo Leticia. ¿Y tú?

d Adiós, Leticia.

e ¡Hola! ¿Cómo te llamas?

f Me llamo Tessa.

Escucha, comprueba y practica en clase.

Listen, check and practise.

Gramática

1 Names

Most names that end in **-o** are masculine: Antonio, Gustavo.
Most names that end in **-a** are feminine: Antonia, Sara.

2 *Llamar* >> p. 205

■ You have met parts of *llamar*, which is a **verb** meaning 'to call'.
llamarse = to be called
*me llam**o*** = I am called/my name is
*¿Cómo te llam**as**?* = What are you called?/What's your name?
¿Cómo te llamas? is a question. When writing you put an upside-down question mark at the beginning as well as a normal question mark at the end. When speaking you raise your voice in the last part of the question.

■ Note how the endings of the verb change: **-o** = first person (*I*)
-as = second person (*you*)

Notes:

■ You can also say: *Mi nombre es (María)*, but this is less common (*es* = is).

■ Remember that *yo* means 'I' and *tú* means 'you'.
  (*Me* and *te* do not mean 'I' and 'you'. Just learn them as part of the phrase.)

Ejercicios

1 ¿Masculino o femenino? *Say if these names are masculine or feminine.*

Aurelia	Regina	Emilio	Paco	Francisca
Begoña	Ricardo	Eugenia	Miguela	Fernando

2 Completa el diálogo. *Complete the dialogue.*

¿Cómo te .... ? **1**

2 *Me .... Tatiana. ¿Y tú? ¿Cómo te ....?*

3 *Me .... Raúl.*

¡Ya sabes!

Now you know how to …

A Say hello, goodbye, good morning, good afternoon, good evening and goodnight
*¡Hola!   Adiós   Buenos días
Buenas tardes   Buenas noches*

B Identify boys' and girls' names
*Chicos: Gustavo, David, . . .
Chicas: María, Leticia, . . .*

C ■ Ask what someone's name is and say your name
¿Cómo te llamas?
What's your name?
Me llamo Ana. ¿Y tú?
I'm Ana. And you?

■ Address people formally
señor, señora, señorita

Aventura semanal

¡Hola! Me llamo Ana. ¿Cómo te llamas?
¡Hola! Me llamo Ana. ¿Cómo te llamas?
¡Hola! Me llamo John. Adiós.
¡Hola! Me llamo John. Adiós.

🎵 La canción

¿Qué tal?

TOPIC FOCUS

- Ask 'How are you?' and respond
- Say how old you are and ask how old someone is
- Learn numbers from 1 to 30
- Learn the alphabet and say how you spell your name

GRAMMAR

- Word order in Spanish
- Verb: *tener* (used with age)
  Tengo doce años. (I am twelve years old.)

A ¿Qué tal?

 ¿Qué sabes? *If you greet your friends ¡Hola!, you might also ask them ¿Qué tal? What do you think this question means? What do you think Elena, Tessa and Leticia answer in Activity A1?*

 1 ¿Qué tal, Elena? Escucha y repite.
Listen and repeat.

Bien. ¿Y tú?

Elena

Regular.

Tessa

Mal.

Leticia

 2 Escucha a los cinco chicos y chicas e indica: Bien (B), Mal (M), Regular (R).

Ejemplo 1 ..M..... 2 .... 3 .... 4 .... 5 ....

3 Encuesta en la clase. Pregunta a tus compañeros/as: ¿Qué tal?
Ask your friends how they are.

B El abecedario (*The alphabet*)

 4 Escucha el abecedario y repite.

A B C D E F G H I J K L M N

Ñ O P Q R S T U V W X Y Z

 5 ¿Cómo se escribe tu nombre? Habla con tu compañero/a.

How do you spell your name? Talk with your friend.

 6 Escucha, completa y deletrea.

Listen, complete and spell.

1 F _ _ e r _ _ o
2 _ i _ _ e _
3 _ l _ e _ _ o
4 _ a _ i _ r
5 _ _ o _ _ a

¡Hola! Me llamo Jaime.

¿Cómo se escribe?

J-A-I-M-E.

7 Escucha, completa y pratica el diálogo.

A: Hola, ¿qué ....?
B: Bien, ¿y ....?
A: Bien. ¿Cómo te ....?
B: Me .... Inés.
A: ¿Cómo se escribe?
B: I-N-É-S.

C Los números

¿Qué sabes? *Can you match the numbers with the words? Listen and repeat.*

0 1 2 3 4 5 6 7 8 9 10

tres   siete   uno   dos   nueve   cuatro   seis   ocho   diez   cinco   cero

8 **Escucha y repite más números.**

11 once **12** doce **13** trece

14 catorce **15** quince **16** dieciséis

17 diecisiete **18** dieciocho **19** diecinueve

 9 **Indica los números que *no* dice Tessa.**

Indicate the numbers that Tessa doesn't say.

0	1	②	3	4
5	6	7	8	9
10	11	12	13	14
15	16	17	18	19

Pronunciación

In Spanish, the letter **c** has two sounds. In front of **e** and **i**, it sounds like '**th**'.

Escucha: *cero cinco once doce*

In front of **a**, **u** and **o** it sounds like '**k**'.

Escucha: *catorce cuatro cinco*

Ahora tú: *Cati Alicia Cuca Celia Nicolás*

Trabalenguas (*Tonguetwisters*) Concepción Asunción Ascensión

 10 **Estudia el diálogo y practica con tus compañeros/as.**

¡Atención!
¿Cuál es ... ? = What is ... ?
mi = my
tu = your

Word order

*mi número **de** teléfono*

my telephone number

1 ¿Cuál es tu número de teléfono?

2 Mi número de teléfono es el 934 80 56 31.

11 Escucha y escribe los números que faltan.

Listen and write the missing numbers.

1 91 6 _ 21 50

2 91 6 _ 2_ 50

3 _1 6 _ 3_ 67

4 __ _ 5 8 _ 5_

5 9 _ __ 8 _ _ 9

Lee los números en voz alta.

Read the numbers aloud.

12 Sebastián pregunta el número de teléfono a sus amigos. Une el nombre con el número.

Sebastián asks for his friends' phone numbers. Match the names with the numbers.

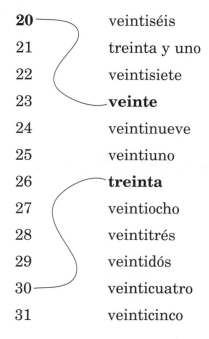

1 Ana   a 2764232
2 Inés   b 2664232
3 Luis   c 2763242
4 Pedro   d 3762242

13 Une los números del 20 al 31.

Escucha, comprueba y repite.

20   veintiséis
21   treinta y uno
22   veintisiete
23   **veinte**
24   veintinueve
25   veintiuno
26   **treinta**
27   veintiocho
28   veintitrés
29   veintidós
30   veinticuatro
31   veinticinco

14 ¿Qué números ganan el premio?

Which numbers win the prize?

1	7	31	24	19
4	26	30	11	13
27	20	18	3	6
25	16	27	8	17

15 Habla con tus compañeros/as.

Prepare a classroom telephone list.

A: ¿Cuál es tu número de teléfono?
B: Mi número de teléfono es el …

Pronunciación

The **v** and the **b** are pronounced the same, like a **b**:

veinte nueve   buenas bien
Ahora tú: *veintiocho Nieves buenos sabes*

D ¿Cuántos años tienes?

 16 Lee y escucha.

1 ¿Cuántos años tienes?

2 Tengo trece años. ¿Y tú?

3 Tengo once años.

Pronunciación
ñ = *años compañero*
Pronuncia tú: *niño* (boy) *mañana* (tomorow) *baño* (bath)

Verbo: *tener* (with age)

¿Cuántos años tienes? = How old are you?

(Yo) tengo once años. = I'm eleven.

 17 ¿Cuántos años tienen los chicos y chicas? ¡Adivina!

How old are these boys and girls? Guess!

1 Isabel

Raúl

2

3 Jaime

4 Tatiana

 Escucha y comprueba.

Listen and check.

 18 Pregunta a tus compañeros/as: ¿Cuántos años tienes?

Ask your friends how old they are.

 19 Encuesta en la clase. Pregunta.

Hola, ¿qué tal?

¿Cómo te llamas?

¿Cómo se escribe tu nombre?

¿Cuántos años tienes?

¿Cuál es tu número de teléfono?

1 Word order

Notice how in Spanish the word order can sometimes be different from English. *Mi número de teléfono* literally means 'my number of telephone'. See how it works:

– mi número de teléfono

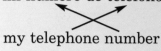

my telephone number

2 *Tener* >> pp. 204–5

- *Tengo* and *tienes* are forms of the verb *tener*. *Tener* means 'to have'. In Spanish you say you have 13 years, not you are 13 years.
- *¿Cuántos años tienes?* – How old are you? (Literally: 'How many years do you have?')
- *Tengo trece años.* – I am thirteen. (Literally: 'I have thirteen years'.)
- *(yo) tengo* – I have   *(tú) tienes* – you have

Ejercicio

Completa el diálogo.

Jaime: ¿Cuántos años [1] .... ?
Isabel: [2] .... (doce) años. ¿Y tú?
Jaime: Yo [3] .... trece años.
Isabel: ¿Cuál [4] .... tu número de teléfono?
Jaime: Mi número de teléfono [5] .... el 914 56 78 90.

Aventura semanal

abc									xyz
	def							uvw	
		ghi					rst		
			jkl		opq				
				mnñ					

 La canción

¡Ya sabes!

Now you know how to …

A Ask how someone is and say how you are
¿Qué tal?
Bien. / Mal. / Regular.

B Ask how to spell a name and use the alphabet to spell a name
¿Cómo se escribe … ?
El abecedario: a, b, c, d, …

C Say numbers from 0–31 and say your phone number
¿Cuál es tu número de teléfono?
Mi número de teléfono es el …

D Say how old you are
*¿Cuántos años **tienes**?*
***Tengo** doce años. ¿Y tú?*

Mi cumpleaños

TOPIC FOCUS

- Say days of the week, months and dates
- Say your birthday

GRAMMAR

- Verb: *ser* (to be) – *es* (he/she is; you are)
- Possessive adjectives: *mi, tu* (my, your)

A ¿Qué día es hoy?

 ¿Qué sabes? *Look at the calendar. Do you recognise the days and the month?*

martes	jueves	sábado

lunes	miércoles	viernes	domingo

---

 1 Escucha y repite los días de la semana.
Listen and repeat the days of the week.

 es = is

 2 Cristian dice los días de la semana. ¿Qué día falta?
Which day is missing?

3 Habla con tu compañero/a. Mira el calendario de arriba.
Speak with your friend. Look at the calendar above.

Ejemplo
A: ¿Qué día es el seis?
B: El seis es sábado.

Continúa.

> **¡Atención!**
>
> 2 – 10 – 2003
> *el día   el mes   el año*
>
> *la semana* = the week
> *hoy* = today
> *la fecha* = the date
>
> *¿Qué día es hoy?* = What day is it today?
> *¿Qué fecha es hoy?* = What date is it today?
>
> *Hoy es el .... de ....* =
> Today is the .... of ....

B Los meses

 ¿Qué sabes? ¿Reconoces los meses? Ordena los meses del 1 al 12.

Do you recognise the months? Label them 1–12 in order.

| Ejemplo | 1 *enero* |

 Escucha y comprueba.

---

 4 **Habla con tu compañero/a.**

A: Di un número del uno al doce.
B: Di el mes.

Cinco.

Mayo.

5 **Estudia y practica el diálogo.**
Use different dates.

¿Qué fecha es hoy?

Hoy es el uno de marzo.

6 **Escribe la fecha.**
Write the date.

*el **dos** de febrero = 2nd February*

| Ejemplo | 1–3 *Hoy es el uno de marzo.* |

1 2–10	**6** 1–1
2 6–4	**7** 29–2
3 3–11	**8** 6–6
4 15–7	**9** 19–8
5 25–12	**10** 13–5

¿Qué mes falta? Escucha y comprueba.
Which month is missing?
Listen and check.

7 **Escucha y ordena las fechas.**

Listen to the dates and put them in the order you hear them.

30–11   13–12   26–6   8–3   18–5   16–7

 Ahora escucha y escribe más fechas.

Now listen and write the dates.

el veintiuno de septiembre

21-9

4:00

 8 **Dicta cinco fechas a tu compañero/a. Tu compañero/a escribe las fechas. Ahora cambia.**

Dictate five dates for your friend to write down. Now change.

Pronunciación
Escucha la pronunciación de la jota (**j**).   *junio   julio*   Ahora tú: *José   Jaime*

Ortografía

Los días y los meses se escriben con minúscula.
No capitals for days or months.

Hoy es lunes, ocho de febrero.

 9 **¡Canta la canción! Es una canción famosa de las fiestas de San Fermín de Pamplona (en el norte de España).**

Uno de enero, dos de febrero, tres de marzo, cuatro de abril.

Cinco de mayo, seis de junio, siete de julio, San Fermín.

C ¿Cuándo es tu cumpleaños?

 **10 Lee y escucha.**

mi = my
tu = your

> Mi cumpleaños es el trece de septiembre.

> ¿Cuándo es tu cumpleaños?

Ahora une la fecha con el chico/la chica.

Now link each date with the correct boy/girl.

 **1** Tessa

 **2** Jaime

 **3** Isabel

 **4** Raúl

 **5** Goreti

a 24–4   **b** 5–8   **c** 17–6   **d** 27–11   **e** 14–5

11 Pregunta a tus compañeros/as y completa la agenda.

Ask your friends and complete the diary.

Los cumpleaños de mis compañeros/as

Nombre   *Fecha de cumpleaños*

Escribe la base de datos de la clase. ¿Qué mes es más popular?

Write a birthday database for the class. Which month is most popular?

12 Cumpleaños famosos. Escribe la fecha.

El cumpleaños del actor Antonio Banderas es ....

El cumpleaños de la cantante Jennifer López es ....

El cumpleaños del cantante Enrique Iglesias es ....

(10/8/60)

(24/7/70)

(8/5/75)

 13 Practica un diálogo como el del ejercicio de abajo.

Gramática

1 *Es* >> p. 205

- *Es* is the third person singular of the verb *ser* (to be).
- *es* = it is

  Es el cinco de marzo. = It is the fifth of March.

  Es is part of *ser* (to be), another very important verb in Spanish. We'll learn more about this later.

2 Dates

- Spanish dates are easy to form – instead of 'second', 'third' etc. you just use the number, e.g. *el tres de marzo* (literally: the three of March).
- Sometimes *primero* (1st) is used instead of *uno*, especially in a more formal context: *el primero de mayo* (the first of May).

3 Mi and tu >> p. 206

mi and *tu* mean 'my' and 'your'. These are called possessive adjectives.

mi cumpleaños (my birthday)

tu cumpleaños (your birthday)

Ejercicio

Completa los espacios en blanco.

María: ¿Cuándo ^{1} .... cumpleaños, Juan?

Juan: ^{2} .... cumpleaños ^{3} .... el ^{4} .... (6) de junio.

María: ¿Qué fecha ^{5} .... hoy?

Juan: ¡Ah! Hoy ^{6} .... el ^{7} .... (6) de junio.

María: ¡Juan! ¡Hoy ^{8} .... cumpleaños!

Juan: ¡Sí! ¡Hoy ^{9} .... cumpleaños!

María: ¡Feliz cumpleaños!

Aventura semanal

Canta la canción de cumpleaños y mira las postales.
Sing the birthday song and look at the cards.

Cumpleaños feliz
Cumpleaños feliz
Te deseamos todos
Cumpleaños feliz

La canción

¡Ya sabes!

Now you know how to …

A Say the days of the week and ask what day it is
*Los días de la semana: lunes, martes,
miércoles, jueves, viernes, sábado, domingo
¿Qué día es hoy? Es lunes.*

B Say months and dates, and ask and say what
date it is today
*Los meses: enero, febrero, marzo, abril, mayo,
junio, julio, agosto, septiembre, octubre,
noviembre, diciembre*
*Las fechas: el uno de enero, el dos de febrero,
el tres de marzo*
¿Qué fecha es hoy? Hoy es el dos de enero.

C Ask and say when your birthday is, and say
'Happy Birthday!'
¿Cuándo es tu cumpleaños?
Mi cumpleaños es el treinta de junio.
¡Feliz cumpleaños!

La cartera

TOPIC FOCUS

- Say what is in your school bag
- Ask your friend what he/she has in his/her school bag

GRAMMAR

- Nouns: masculine/feminine, singular/plural
- Articles: *un / una* = a(n)

  el / la = the
- Negatives
- Plurals

A La cartera

 ¿Qué sabes? *Take five objects out of your school bag. Look in the dictionary to find their Spanish names.*

 1 Une las palabras con los objetos.

Match the words and objects.

1 una calculadora

2 un lápiz

3 un bolígrafo

4 un cuaderno

5 una goma

6 un compás

7 un sacapuntas

8 un libro

9 una regla

10 un estuche

11 un rotulador

 Escucha y comprueba.

Listen and check.

2 Mira los dibujos de la página 23 y habla con tu compañero/a.

Look at the drawings on page 23 and talk about them with your friend.

masculino	femenino
un bolígraf**o**	una gom**a**

artículos

un / una = a(n) **una** goma
el / la = the **la** cartera

Ejemplo A: ¿Qué es eso?
B: Es un libro.

> **¡Atención!**
> ¿Qué es eso? = What's that?
> Es un(a) … = It's a …
> por favor = please
> toma = here you are
> gracias = thanks

B **¿Tienes una goma?**

3 Lee y escucha el diálogo.

¿Tienes una goma?

Sí, tengo una goma.

¿Tienes un sacapuntas?

No, no tengo.

5 Lee y escucha el diálogo.

Tengo – I have
No tengo – I don't have

 4 Escucha. Indica los objetos que tienen Inés y Sebastián.

Listen. Mark which objects Inés and Sebastián have.

Ejemplo	Inés	Sebastián
una goma	✔	✔
un sacapuntas	✗	✔

Por favor. ¿Tienes un bolígrafo?

Sí, toma.

Gracias.

De nada.

 Practica el diálogo con tu compañero/a.

 Ahora tú. Haz diálogos con tu compañero/a.

Form dialogues with your friend.

C ¿Qué tienes en la cartera?

 6 Mira el dibujo.
Look at the picture.

> En la cartera tengo cinco lib**ros** y dos calculado**ras**.

 7 Escucha. Une la persona con la cartera.
Listen and link each person with their school bag.

 **1** Goreti

 **2** Cristian

 **3** Elena

4 Plurals

un bolígrafo   un rotulador

dos bolígraf**os**   dos rotulador**es**

Nota: el lápi**z** – los lápic**es**

a

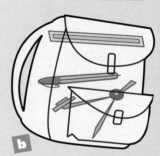
b

c

Pronunciación

The letter **r** at the beginning or the end of a word is rolled strongly: *rotulador*.
It is softer in the middle – *calculadora*.

Escucha y repite:
regla	Raúl	Oscar
Pilar	María	cero

Ahora tú:
Rosa	regular	mar
señor	Sara	Teresa

 8 ¿Qué tienes en la cartera?
¿Qué tiene tu compañero/a?
Escribe dos listas.
What do you and your friends have in your school bags?
Write two lists.

9 **Un ladrón en la oficina.**
Lee y traduce.

A thief in the office.
Read and translate.

Tengo dos diccionarios, tengo dos computadoras, dos radios, dos lámparas, dos teléfonos, dos vídeos. Tengo un millón de euros.

Tienes un problema.

¿Qué tienes?

¡Sí! ¡Tengo un problema!

Gramática

1 Masculine and feminine >> p. 206

- The names of objects are **nouns**. Nouns in Spanish can be masculine or feminine.
- Names of objects ending in **-o** are usually masculine.
- Those ending in **-a** are usually feminine.

Masculino   **Femenino**
un bolígrafo   *una calculadora*

- Words ending in other vowels or consonants must be learned. It is useful to learn them with the article: *un estuche, un rotulador*.

2 Articles >> p. 206

Articles are the words for 'a' and 'the'. In Spanish these also change depending whether the noun they are attached to is masculine or feminine.

un *libro*	a book (masculine)	**el** *bolígrafo*	the pen (masculine)
una *cartera*	a school bag (feminine)	**la** *goma*	the rubber (feminine)

3 No (negative form) >> p. 205

In Spanish the negative form is very easy, just add **no** before the verb: **No** tengo un bolígrafo (I don't have a pen).

4 Plurals >> p. 206

- Nouns can be either singular (only one) or plural (more than one).
- Nouns ending in a vowel add **-s**   *una gom**a** – dos gom**as***
- Nouns ending in a consonant add **-es**   *un rotulado**r** – dos rotulado**res***

- Words with an accent often lose their accent in the plural form.
  *un comp**ás** – dos comp**ases***
- Some words ending in **-s** do not change   *el sacapuntas – los sacapuntas*

Ejercicios

1 Escribe el singular de las palabras de Actividad C9. Usa *un / una*.
Write the singular form of the words you wrote in Activity C9. Use un/una.

> **Ejemplo**   ***dos computadoras – una computadora***

2 Escribe el plural de las palabras siguientes.
Write the plural forms of the following words.
profesor, noche, señora, señor, día, domingo

Aventura semanal

¿Qué tienes en la cartera
que pesa de esta manera?
¿Qué tienes en la cartera
que pesa de esta manera?
¿Tienes una regla? Sí.
¿Un rotulador? No.
¿Tienes un cuaderno? Sí.
¿Y los libros? No.

 La canción

¡Ya sabes!

Now you know how to …

A ■ Say the names of the things you have in your school bag
un sacapuntas, un lápiz, una goma, un cuaderno, una regla, un compás, un bolígrafo.
■ Say 'please', 'thank you' and 'you're welcome'
por favor
gracias
de nada

B Ask your friend if he/she has a pen, and say if you have a pen
¿Tienes un bolígrafo?
Sí, tengo un bolígrafo. / No, no tengo.

C Ask your friend what he/she has in his/her bag, and say what you have in your bag
¿Qué tienes en la cartera?
Tengo dos cuadernos.

TOPIC FOCUS

- Speak about your school subjects
- Say where you study
- Describe your school

GRAMMAR

- Verb: *estudiar* (to study)
- The definite article: *el / la / los / las* (the)
- *Hay / No hay*
  (there is/isn't; there are/aren't)

A ¿Qué estudias?

¿Qué sabes? *What subjects do you recognise from Activity A1?*

 1 Une las asignaturas con sus nombres.

1 Informática **2** Inglés **3** Música **4** Educación física **5** Dibujo (Arte)

6 Historia **7** Matemáticas **8** Geografía **9** Lengua (Español) **10** Ciencias

a

b

c

d

e

f

g

h

i

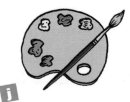
j

Escucha, comprueba y repite.

2 ¿Qué asignaturas estudian Inés y Andrés?

What subjects do Inés and Andrés study? Listen and choose the right pictures in Activity A1.

1 *(yo) estudio* – I study
(tú) estudias – you study

Pronunciación

In Spanish, **g** and **j** often have the same sound.

Escucha:

g + e = **ge**ografía
g + i = **gi**mnasia
j + a = **Ja**ime
j + e = lengua**je**
j + o = dibu**jo**
j + u = **Ju**an

Pronuncia tú:

agenda gente ginebra Jaen
jota jueves julio

¡Atención!

Educación física = Gimnasia
Ciencias = Ciencias
naturales / Biología
(Biology),
Física (Physics),
Química (Chemistry)
Ciencias sociales =
Social sciences
Español = Lengua / Lenguaje
Tecnología = Technology

 3 Otras asignaturas: escucha y repite.

Listen and repeat.

Alemán

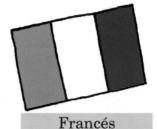

Francés

Religión

Drama

Literatura

Ciencias: Física, Química, Biología

 4 Estudia el diálogo y practica.

¿Qué asignaturas estudias?

Estudio Inglés y Matemáticas. ¿Y tú?

B ¿Qué horario tienes?

5 Escucha a Sebastián.
¿Qué horario tiene?

Ejemplo   lunes – 1, 4, 5

> **¡Atención!**
>
> *el lunes* = **on** Monday
>
> *el día* = the day
> *la semana* = the week
> *el horario* = the timetable

1 Inglés 2 Química 3 Informática 4 Biología 5 Literatura

6 Habla con tu compañero/a.

A: Mira el horario A.
B: Mira el horario B.

¿Qué estudias el lunes?

El lunes estudio Arte, Historia y Francés.

Horario A

lunes

martes

miércoles

jueves

viernes

Horario B

lunes

martes

miércoles

jueves

viernes

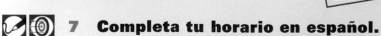
7 Completa tu horario en español.
Complete your timetable in Spanish.

C ¿Dónde estudias?

 ¿Qué sabes? **Lee el diálogo. ¿Qué dicen? Escucha.** *Listen.*

1 Hola, ¿cómo te llamas?

2 Me llamo Sebastián.

3 ¿Dónde estudias?

4 Estudio en el instituto Miraflores. ¿Y tú?

5 Estudio en el instituto Belia.

8 **Habla con tu compañero/a.**

A: Ana
B: Pedro

Ana

Instituto Montemolín
Español, Ciencias

Pedro

Instituto Goya
Matemáticas, Inglés

2

 el, la, los, las = the

el instituto	the school	*la* casa	the house
los institutos	the schools	*las* casas	the houses

D ¿Qué hay en el instituto de Sebastián?

 9 Une las fotos con las palabras. *Match the photos with the words.*

a b c d

e f g h

Escucha, comprueba y repite.

1 el laboratorio	**2** la biblioteca	**3** el patio	**4** el gimnasio
5 la clase	**6** el comedor	**7** la sala de vídeo	**8** la sala de ordenadores

10 Indica una foto y pregunta a tu compañero/a.
Point to one of the photos and ask your friend.

Ejemplo   A: ¿Qué es?
B: Es el laboratorio.

11 Escucha, estudia y practica el diálogo.

¿Qué hay en tu instituto, Sebastián?

En mi instituto hay un laboratorio.

12 Mira el plano. Inés describe su instituto en una carta. Completa la carta.

Look at the plan. Inés describes her school in a letter. Complete the letter.

Hay un estudiante.
Hay estudiantes.

Aquí hay un plano de mi instituto.
El número uno es .el patio. El dos
es ....
........................., el tres es
.........................., el cuatro es
................, el número cinco es
.............................., y el seis
es ....
....

Un abrazo,

Inés

 13 Dibuja un plano de tu instituto. Escribe una carta similar.

Draw a plan of your school. Write a similar letter.

 Escucha y comprueba

E ¿Qué hay en la clase?

 ¿Qué sabes?

¿Qué significan las palabras? Escucha y comprueba.

What do the words mean?
Listen and check.

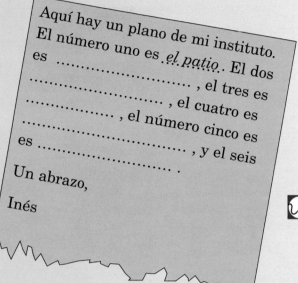

1 la pizarra
2 las estanterías
3 las sillas
4 la mesa del profesor
5 las mesas
6 la ventana
7 la puerta
8 el póster
9 el mapa
10 el ordenador

Pronunciación

As you saw in Lesson 4, the letter **r** in the middle of a word (between vowels) is soft: ce*r*o. But when you see **rr**, it is rolled strongly: piz**arra**.

Escucha y compara: *perro* (dog) *pero* (but)
carro (cart) *caro* (expensive)

Ahora tú: *jarra horror guitarra
estantería laboratorio*

¡Atención!

el niño / el chico = the boy
los niños / los chicos = the boys
la niña / la chica = the girl
las niñas / las chicas = the girls

el profesor = the teacher (man)
los profesores = the teachers (all men or
                                men and women)
la profesora = the teacher (woman)
las profesoras = the teachers (all women)

 14 Escucha a Goreti y marca los dibujos. *hay* (✔) o *no hay* (✗).

 Escribe una lista.

En el instituto de Goreti hay ... / no hay ...

15 Habla con tu compañero/a y dibuja tu clase ideal.

 Escribe los nombres de los objetos de la clase.

Compara la clase ideal con tu clase.

Compare your ideal classroom with your classroom.

¿Qué hay? ¿Qué no hay? Haz dos listas:

En la clase ideal ...   **En mi clase ...**
hay .../no hay...   hay .../no hay ...

Gramática

1 *Estudiar* >> p. 204

- *estudio* and *estudias* are from the verb *estudiar* – to study. This follows the same pattern as a lot of Spanish verbs that also end in **-ar** in the infinitive.
  (yo) estudio – I study
  (tú) estudias – you study
- Add *¿Dónde ... ?* to ask 'where?' and *¿Qué ... ?* to ask 'what?'.
  ¿Dónde estudias? = Where do you study?
  ¿Qué estudias? = What do you study?

2 Definite article >> p. 206

The word 'the' is called the **definite** article. In Spanish it is **el**, **la**, **los** or **las** and changes depending on whether the noun is masculine or feminine, singular or plural.

el instituto	the school	*la* casa	the house
los institutos	the schools	*las* casas	the houses

3 *Hay* >> p. 205

- *Hay* means 'there is' and 'there are' and is used in singular and plural:
  Hay un estudiante. – There is a student.
  Hay estudiantes. – There are (some) students.
- *No hay*: to say 'there isn't' and 'there aren't' add **no** to *hay*.
  No hay clase. – There isn't a class.
  No hay estudiantes. – There aren't any students.
  (Note that in Spanish we don't add a word like 'a' or 'any'. Literally: There isn't class/there aren't students.)

Ejercicios

1 Elige *el / la / los / las*.

a .... estanterías   e .... patios
b .... pizarra   f .... instituto
c .... laboratorio   g .... ventanas
d .... clases   h .... chicos

2 Completa el diálogo.

Juan: Ana, ¿qué ¹ .... ?
Ana: ² .... Matemáticas, Ciencias, Dibujo. Y tú, ¿qué ³ .... ?
Juan: ⁴ .... Inglés, Matemáticas, Lengua.
Ana ¿Dónde ⁵ .... ?
Juan: ⁶ .... en el instituto Miraflores.
Ana: ¿Qué ⁷ .... en tu instituto?
Juan: ⁸ .... muchas clases y profesores, ⁹ .... una sala de vídeo, ¹⁰ .... una biblioteca.

Aventura semanal

Hay clases, hay biblioteca
Hay sala de vídeo
[x2]
Hay en mi colegio sí
Hay en mi colegio no
[x2]
Hay patio, hay laboratorio
Hay gimnasio y comedor
[x2]
Hay en mi colegio sí
Hay en mi colegio no
[x2]

 La canción

¡Ya sabes!

Now you know how to …

A Ask someone what they study or what subjects they study, and say what you study
¿Qué estudias?
¿Qué asignaturas estudias?
Estudio Matemáticas.
Inglés, Francés, Gimnasia, Biología, Informática, Religión, Educación Física, Ciencias, Matemáticas, Química, Historia, Geografía

B Talk about your timetable, say what subject you have on what day
El lunes estudio Matemáticas.

C Ask someone where they study and say where you study
¿Dónde estudias?
Estudio en el instituto Goya.

D Ask what there is in someone's school and say what there is and isn't in your school
¿Qué hay en tu instituto?
Hay clases, hay biblioteca.
No hay sala de vídeo.

E Say what there is and isn't in your classroom
Hay una pizarra.
No hay ordenador.

Diversión

La canción

Estudio Matemáticas, estudio Inglés
Estudio Naturales y Francés
Estudio Lengua, Dibujo y Español,
Estudio Ciencias, ¡qué follón!

Juego de la oca

Usa el dado ⚃ y fichas. Di 'De oca a oca y tiro porque me toca' (*If you fall on a goose say: 'From goose to goose, it's my turn'*).

Mi familia

TOPIC FOCUS
- Introduce your family
- Talk about your family

GRAMMAR
- Verb: *tener* (to have)
- Verb: *llamar(se)* – *se llama* (his name is)
- Word order: *el padre de mi madre* (my mother's father)

A ¿Tienes hermanos?

¿Qué sabes?

Do you know what the question ¿Tienes hermanos? *means? How do you answer the question?*

*Find words in speech bubbles that mean members of the family. *Éste *and* Ésta *both mean 'this'. Why are they different?*

---

  1 Escucha, estudia y traduce el diálogo.

¡Hola! Me llamo Raúl. Éste es mi padre, Pepe. Ésta es mi madre, Rosita. Éste es mi hermano, Gustavo. Y tú, ¿tienes hermanos?

Tengo un hermano.
Tengo dos hermanas.

Gustavo

Pepe   Rosita

Sí. Tengo una hermana. Y tú, Leticia, ¿tienes hermanos?

No. No tengo hermanos.

2 **¿Tiene hermanos? Escucha y une al chico/la chica con el dibujo.**

3 **Pregunta a tus compañeros/as: ¿Cuántos hermanos tienes?**

4 **Une los hermanos. Escucha y comprueba.**

¿Cómo se llama tu hermana?

Mi hermana se llama Isabel.

Leticia

Tessa —— Isabel   Marisa   Iñigo   María

Jaime   Goreti   Carlos

Practica el diálogo.
A: ¿Cuántos hermanos tienes?
B: Tengo un hermano.
A: ¿Cómo se llama tu hermano?
B: Mi hermano se llama ...

¡Atención!
mi hermano mayor = my big brother
mi hermana menor = my little sister

B Mi familia

  5 Mira el árbol familiar de Raúl. Escucha y completa las frases con los nombres.

 se llama = he/she is called

Ejemplo Mi padre se llama <u>Pepe.</u>

1 Mi madre se llama ....
2 Mi hermano se llama ....
3 Mi abuelo se llama ....
4 Mi abuela se llama ....

mi abuela   mi abuelo

Rosita

Rafael

~~*Pepe*~~

Nicolasa

Gustavo

mi padre

mi madre

yo   mi hermano

 6 Habla con tu compañero/a. Dibuja su árbol familiar.

Ejemplo A: ¿Cómo se llama tu padre?
B: Mi padre se llama Michael.

7 ¿Qué familia es? Une las personas con sus familias. Escucha y comprueba.

In Spanish, the letter **h** is silent.

Escucha: **h**ermano **h**ermana **h**istoria **h**otel **h**abla **H**éctor
Pronuncia tú: *hola helado* (ice cream) *hijo* (son) *hasta* (until) *horror honor*

 8 **Lee el artículo.**

> **¡Atención!**
> *quintillizos = cinco niños iguales*

Quintillizos de Huelva

Cinco de familia … y cinco más

Luis, Agustín, Francisco, Fermín y Juan Carlos tienen catorce años y son quintillizos. Tienen tres hermanos mayores: Pedro tiene veintitrés años, José tiene veintidós años y Fernando tiene diecinueve años. El padre se llama José Antonio y la madre María. Ésta es una familia famosa y supernumerosa.

los quintillizos de Huelva

1 ¿Cuántas personas hay en total en la familia?
2 ¿Cuántos hermanos hay en total?

3 ¿Cómo se llama el hermano mayor?
4 ¿Cuántos años tienen los quintillizos?

C ¿Quién es?

 **¿Qué sabes?**

Mira el árbol familiar. ¿Qué significa *primo, prima, tío, tía?*

Look at the family tree.

9 ¿Quién es?

Ejemplo el hermano de mi madre = **mi tío Eduardo**

1 el hijo de mi tía Celia
2 la hija de mi madre
3 la hermana de mi primo Luis
4 el padre de mi madre
5 la madre de mi madre
6 la hija de mi tío Eduardo

el hermano **de** mi madre

my mother**'s** brother

  10 Lee la carta de Tessa. ¿Quién es quién? Busca las palabras nuevas en el diccionario.

> ¡Hola, Leticia!
>
> ¿Qué tal? Te mando unas fotos de mi familia. Mi padre se llama Martín y mi madre se llama Rosa María. Mi hermana se llama Isabel. Tengo dos abuelos y dos abuelas. Los padres de mi padre se llaman David y Winifred. Los padres de mi madre se llaman Rosa y Manuel. Mi tío se llama José Luis y mi tía Bárbara. Mi prima se llama Ana. Charlotte es mi prima también; es un bebé. Tengo otro primo. Se llama Raúl. ¿Y tu familia? Háblame de tu familia en tu carta.
>
> Un abrazo,
>
> Tessa

 11 Habla con tu compañero/a de tu familia.
Talk to your friend about your family.

12 Escribe una carta a Tessa sobre tu familia.

> **¡Atención!**
> *el hijo* = son
> *la hija* = daughter
> *el tío* = uncle
> *la tía* = aunt
> *el primo* = cousin (male)
> *la prima* = cousin (female)
> *¿Quién es ... ?* = Who is ... ?

> **¡Atención!**
> *el medio hermano* = half brother
> *la media hermana* = half sister
> *el / la hermanastro / a* = stepbrother/ stepsister
> *la madrastra* = stepmother
> *el padrastro* = stepfather

Gramática

1 Verb: *tener* (to have) >> pp. 204–5

You have now met all the singular parts of the verb **tener**. These are:

(yo) tengo	I have	*(Yo) tengo un hermano.*
(tú) tienes	you have	*¿(Tú) tienes abuelos?*
él / ella tiene	he/she has	*(Él / Ella) tiene dos hermanos.*

2 *Llamarse* >> p. 205

You have already met *me llamo* and *te llamas*. To say 'he/she is called' you use *se llama*.
Mi hermano se llama Gustavo. – My brother is called Gustavo.

3 *De = of*

As we have seen, word order in Spanish is sometimes different to English. If you want to say 'my mother's brother' in Spanish, you have to say *el hermano de mi madre* and use the word *de* (= *'s*). (literally: 'the brother **of** my mother')

el hermano de mi madre

my mother's brother

Ejercicio

Completa el diálogo.

Ana: Hola, me llamo Ana; ¿cómo te ¹ .... ?
Felipe: Me ² .... Felipe. ¿ ³ .... hermanos, Ana?
Ana: Sí, ⁴ .... dos hermanos, un hermano y ⁵ .... hermana.
Felipe: ¿Cómo se ⁶ .... tu hermano?
Ana: Mi hermano se ⁷ .... Pedro. Y tú, Felipe, ¿ ⁸ .... hermanos?
Felipe: No, no ⁹ .... hermanos.

Aventura semanal

In English, we often use familiar names for members of our families, e.g. Mum and Dad. Here are some Spanish ones:

madre – mamá	*hermano – tato*
padre – papá	*hermana – tata*
abuela – abuelita	*abuelo – abuelito*
abuela – yaya	*abuelo – yayo*

¿Sabes?

¡Ya sabes!

Now you know how to …

A, C
- Introduce, ask about and describe family members
  Éste es mi padre.
  ¿Tienes hermanos?
  Sí, tengo dos hermanos.
  No. No tengo hermanos.
- El vocabulario de la familia
  el padre, la madre, el hermano

B Ask for and give more details about family members
Tengo una hermana mayor y un hermano menor.
¿Cómo se llama tu padre?
Se llama Pepe.

¿De dónde eres?

TOPIC FOCUS

- Ask where someone is from and say where you are from
- Talk about countries, nationalities and languages

GRAMMAR

- Masculine and feminine forms of nationalities
- Verb: *ser* (to be)
- Verbs in **-ar**: *hablar* (to speak)

A Soy de México

¿Qué sabes?

¿Qué país es?
¿Reconoces los países?

Carol
Irlanda **4**

Andrew
Escocia **5**

Alejandro
Estados Unidos **3**

David
Gales **6**

Javier
México **2**

Latoya
Inglaterra **7**

Héctor
Colombia **1**

Celia
Cuba **9**

Elena
España **8**

1 **Escucha. Los chicos y chicas dicen de dónde son.**
The boys and girls say where they are from. What does <u>Soy de ...</u> mean?

> **¡Atención!**
> *Estados Unidos* = United States
> *Soy de España.* = I am from Spain.
> *Soy español. / Soy española.*
> = I am Spanish.

 2 **Ahora tú. Habla con tus compañeros/as.**
Adopta una personalidad.

| Ejemplo | Me llamo Andrew. Soy de Escocia. ¿Y tú? |

B ¿De dónde eres?

¿Qué sabes? **Mira el mapa de la página 201. ¿Reconoces los países?**

 3 **Escribe el país para cada nacionalidad. Después escribe frases completas.**

| Ejemplo | 1 = México |

Alejandro

Elena

Javier

Me llamo Javier. Soy de México. Soy mexicano.

1 mexicano/mexicana	_____
2 colombiano/colombiana	_____
3 cubano/cubana	_____
4 irlandés/irlandesa	_____
5 escocés/escocesa	_____
6 inglés/inglesa	_____
7 galés/galesa	_____
8 español/española	_____
9 estadounidense	_____

David

Héctor

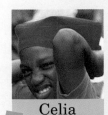
Celia

Carol

Andrew

Latoya

4 Ahora tú. Habla con tus compañeros/as. Usa tu nacionalidad o adopta una nacionalidad.

Ejemplo
A: ¿Cómo te llamas?
B: Me llamo Carlos.
A: ¿De dónde eres?
B: Soy cubano.

Masculino/Femenino
Javier es mexicano.
María es mexicana.

Pronunciación

Accents
When you see a word with an accent, stress the accented part of the word: *irlandés*, *alemán*.

Pronuncia tú: *adiós   compás   religión   país   bebé*

¡Atención!

Note that there is an accent in the masculine of these nationalities, but not in the feminine:

inglés / inglesa   alemán / alemana

Ortografía

No capital letters for nationalities and languages: *España – español*.

5 Escucha y une a cada persona con su nacionalidad.

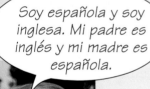

Soy española y soy inglesa. Mi padre es inglés y mi madre es española.

¿De dónde eres?

Tessa

Estefanía

Fernando

Miguel

Inés

¿De dónde **eres** (tú)?
(Yo) **soy** inglés.
¿De dónde **es** tu madre?
Mi madre **es** inglesa.

inglés/inglesa   colombiano/a
argentino/a   mexicano/a
español(a)

6 **Tessa habla de sus amigas. Une el nombre, el país y la nacionalidad.**

Ejemplo 1-e-i

1 Victoria

2 Elena

3 Carol

4 Amra

5 Jasia

6 Maria

a	Bosnia	**i**	inglesa
b	Grecia	**j**	española
c	Jamaica	**k**	turca
d	Pakistán	**l**	bosnia
e	Inglaterra	**m**	jamaicana
f	Turquía	**n**	irlandesa
g	España	**o**	griega
h	Irlanda	**p**	pakistaní

7 Pinar

8 Marlene

 Ahora escribe frases. Incluye a los amigos de Tessa:
Okan (Turquía), Angelos (Grecia), Mehul (Pakistán),
Leroy (Jamaica), Sanjay (India).

Ejemplo Victoria es de Inglaterra. Es inglesa.
Okan es de Turquía. Es turco.

7 **Habla de tus amigos/as y de tu familia con tu compañero/a.**

Ejemplo Mi padre se llama Antonio; es español.

C ¿Qué idiomas hablas?

¿Qué sabes? **En el instituto de Tessa hablan muchos idiomas.**
Lee la lista. ¿Reconoces alguno? Escucha a la
profesora de español. Marca los que menciona.

griego
italiano   árabe   bengalí   francés   alemán
español   indio   somalí   turco   gujarati   chino

8 **Tessa pregunta a un grupo de amigos y amigas. Escucha al grupo. ¿Cuántos dicen sí? ¿Cuántos dicen no? ¿Cuántos dicen un poco?**

¿Hablas inglés?

Sí   ....
No   ....
Un poco ....

3

hablar
(yo) hablo
(tu) hablas
(él / ella) habla

 9 **¿Qué idiomas hablas?**

¿Qué idiomas hablas?

Hablo inglés, español y un poco de alemán. ¿Y tú?

 Escucha a los chicos y a las chicas. ¿Qué idiomas hablan?

1 Tessa   2 Raúl   3 Leticia   4 Evi   5 Elisa

 ¿Qué idiomas hablan tus amigos/as?

Gramática

1 **Nationalities and languages**

■ Nationalities are masculine or feminine, depending on the sex of the person.

Pedro es colombiano.   *Ana es colombiana.*

■ Endings of nationalities are as follows (they are different in masculine and feminine).

	Masculine	**Feminine**
Ends in **-o**	mexican**o**	mexican**a**
Ends in **-s**	inglés	ingles**a**
Ends in **-n**	alemán	aleman**a**
Ends in **-l**	español	español**a**
Ends in **-e**	árab**e**	árab**e**
Ends in **-i**	pakistan**í**	pakistan**í**

■ Languages are masculine and do not start with a capital letter:
  el inglés, **el** español

2 *Ser* >> p. 205

This is an irregular verb which follows its own pattern. Here are the forms of the verb you have seen so far:

(yo) soy – I am

(tú) eres – you are

él / ella es – he/she/it is

3 Verbs in *-ar* >> p. 204

You have now met three Spanish verbs that end in **-ar** in the infinitive: **hablar**, **estudiar** and **llamarse**. These follow the same regular pattern as shown below.

	hablar (to speak)	**estudiar (to study)**	**llamarse (to be called)**
(yo)	hab**lo** (I speak)	estud**io** (I study)	me llam**o** (I am [called])
(tú)	hab**las** (you speak)	estud**ias** (you study)	te llam**as** (you are [called])
(él / ella)	hab**la** (he/she speaks)	estud**ia** (he/she studies)	se llam**a** (he/she is [called])

Ejercicios

1 Escribe *de* o ✘ en el espacio.

  1 Soy .... española.

  2 Soy .... Cuba.

  3 ¿Eres .... México?

  4 María es .... francesa.

  5 Petros es .... Grecia.

  6 Funda es .... turca.

2 Completa los espacios con la forma correcta del verbo.

  1 Juan (estudiar) .... en el instituto Cervantes.

  2 Yo (hablar) .... francés.

  3 ¿Cómo te (llamar) ....?

    –Me .... Rosa.

  4 ¿ .... española, Ana?

3 Completa el diálogo.

  A: Hola, ¿ ¹ .... español, Luis?

  B: No, ² .... mexicano. ¿Y tú? ¿De dónde ³ .... ?

  A: Yo ⁴ .... de Argentina. Carmen ⁵ .... de México.

  B: Y María, ¿de dónde ⁶ .... ?

  A: María ⁷ .... de Cuba.

Aventura semanal

En España hay muchas palabras similares a otros idiomas:

radio televisión vídeo automóvil autobús taxi chocolate teléfono piano

Muchas palabras vienen de otros idiomas. Por ejemplo, del inglés: *robot, bikini, jersey, estrés, penalti, fútbol, gol.* ¿Qué significan estas palabras?

¿Sabes?

¡Ya sabes!

Now you know how to ...

A Name countries
Los países: *España, Cuba, Colombia, México, Inglaterra, Escocia, Gales, Irlanda, Pakistán, Jamaica, India.*

A, B Ask someone where he/she is from and say where you are from, giving your nationality
*¿De dónde **eres**?*
***Soy** de México. **Soy** mexicano.*

B ■ Ask and say where someone else is from
*¿De dónde **es** Latoya?*
*Latoya **es** de Inglaterra.*
***Es** inglesa.*
　 ■ Las nacionalidades
inglés / inglesa, mexicano / mexicana, griego / griega.

C Name languages and ask what languages someone speaks
Los idiomas: *español, alemán, inglés, francés, turco.*
*¿Qué idiomas **hablas**?*
***Hablo** español y francés.*

Vivo en Madrid

TOPIC FOCUS

- Ask someone where he/she lives and say where you live
- Talk about colours and describe flags

GRAMMAR

- Verbs ending in **-ir** (*vivir* – to live)
- Masculine and feminine of adjectives (colours)

● ●

A Mi ciudad

 **¿Qué sabes?**

¿Qué ciudad es?

Do you recognise the names of these cities?

Londres, Nueva York, Lisboa, Calcuta, Sevilla, París, Roma, Los Ángeles, Nueva Delhi, Atenas, Estambul

 1 Escucha y repite las ciudades de arriba.

Pronunciación

The letters **v** and **b** are pronounced the same in Spanish. They both sound similar to **b** in English.

Escucha: *Blanca vive en Valencia. Victoria vive en Bilbao.*

Pronuncia tú: *¿Vives en Vitoria?*
buenos días   vídeo   laboratorio
ventana   biblioteca   viernes

  2 Lee y escucha.
¿Qué pregunta Álvaro?
¿Qué dice Tessa?
¿Qué contesta Álvaro?

1 ¿Dónde vives?

2 Vivo en Londres, en Inglaterra. ¿Y tú?

3 Vivo en Madrid, en España.

Álvaro

Tessa

3 ¿Dónde viven? Escucha y une a los chicos y las chicas con las ciudades.

Ejemplo 1 = e

1 Álvaro **2** Ana **3** Héctor **4** Verónica **5** Javier

a Barcelona España **b** Bogotá Colombia **c** Ciudad de México México **d** Nueva York Estados Unidos **e** Madrid España

 4 ¿Y tú? Adopta una personalidad. Pregunta a tus compañeros/as.

Ejemplo A: Me llamo Ana. Vivo en Barcelona. ¿Y tú? ¿Dónde vives?
B: Vivo en …

Cambia.

B Más números

 5 Escucha y repite estos números.

30   31   32   40   43   50   54   55   60   66   70   77
80   88   90   99   100

 Escribe estos números.

Ejemplo cuarenta y siete = **47**

treinta y ocho   sesenta y cuatro   ochenta y nueve   sesenta y siete
cincuenta y tres   noventa y uno   cien   setenta y seis   cuarenta y dos

C ¿Dónde vives?

 ¿Qué sabes? **Éstos son nombres típicos de calles en España. ¿Qué significan?**

Calle del Monasterio de Rueda
Plaza de España

Avenida de las Fuentes
Paseo de la Constitución

1 Calle   **2** Avenida   **3** Plaza   **4** Paseo

 Escucha y repite.

 6 ¿Dónde viven Jaime, Leticia, Elena y Raúl? Indica las calles.

Escucha otra vez. Indica los números.

Ejemplo *Jaime vive en el número 86.*

1 El verbo *vivir*
(yo) vivo, (tú) vives, (él/ella) vive
(Yo) ***vivo*** *en Londres.*

¡Atención!
The number always goes after the street:

Calle Mayor, 5

 7 Practica con tu compañero/a.

A: ¿Cómo te llamas? ¿Dónde vives? ¿Cuál es tu número de teléfono?
B: Me llamo .... Vivo en la calle .... número .... Mi número de teléfono es el ....

D Los colores

¿Qué sabes? **Mira los colores. Escucha y repite.**

1 naranja	**6** verde
2 rosa	**7** gris
3 rojo	**8** azul
4 blanco	**9** marrón
5 amarillo	**10** negro

2

Masculino	**Femenino**
rojo	roja
verde	verde
azul	azul
marrón	marrón

¡Atención!

Position of adjectives

Tengo una cartera roja.

I have a red bag.

BUT   Mi cartera es roja.
My bag is red.

8 Escucha y pinta los números.

25   63   89   13   70   45

 9 ¿De qué color es la bandera de España? Escribe los colores de las banderas.

 España

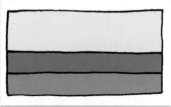 Colombia

 México

rojo y ....

10 Más banderas. Dicta y pinta los colores con tu compañero/a.

A: ¿De qué color es la bandera de Guatemala?

B: Es …

Guatemala

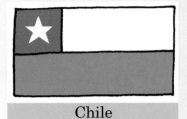

Chile

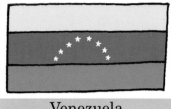

Venezuela

 11 Hay más de 400 millones de personas que hablan español en más de 20 países. Mira el mapa en la página 201.
¿Qué países son?

Gramática

1 **Verbs in *-ir* >> p. 204**

Many verbs in Spanish end in *-ir*, like *vivir* (to live). These verbs follow a different regular pattern to the ones you have met before:

	vivir (to live)	
(yo)	*vivo* (I live)	*(Yo) vivo en Londres.*
(tú)	*vives* (you live)	*¿Vives en Madrid?*
(él / ella)	*vive* (he/she) lives	*Él / Ella vive en París.*

2 **Masculine and feminine adjectives (colours) >> p. 206**

Colours are adjectives or describing words. Adjectives change in the same way as the noun they are describing.

Masculine	Feminine	Examples
-o	*-a*	*el bolígrafo rojo* *la cartera roja*
-e	*-e* (don't change)	*el cuaderno verde* *la mesa verde*

Adjectives ending in consonants never change: *azul, marrón.*
El teléfono azul – la bandera azul

Rosa and *naranja* don't change in masculine and feminine.

*Note that this is different from nouns and nationalities, which as you have seen change if they end in a consonant: *español > española.*

Ejercicios

1 Completa la conversación.

Pedro: María, ¿dónde ¹ .... ?

María: ² .... en Madrid.

Pedro: ¿³ .... con tu padre?

María: No, ⁴ .... con mi madre.

Pedro: Y tu padre, ¿dónde ⁵ .... ?

María: Mi padre ⁶ .... en Barcelona.

2 Escribe los colores en la forma correcta.

1 Tengo una cartera .... (rojo).

2 ¿Tienes un bolígrafo .... (rosa)?

3 Juan tiene una mesa .... (amarillo).

4 Tengo un estuche .... (negro).

5 Mi hermana tiene un sacapuntas .... (marrón).

6 Tú tienes una goma .... (blanco).

7 Tengo una silla .... (naranja).

Aventura semanal

Canción de los colores

Rojo, amarillo,   Azul y rosa,
naranja es.   amarillo, limón,
Rojo, amarillo,   negro, rojo,
mi color es.   gris y marrón.

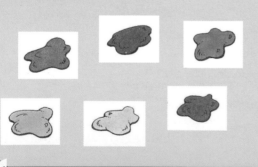

La canción

¡Ya sabes!

Now you know how to ...

A, C Ask where someone lives and say where you live
¿Dónde vives? Vivo en Bogotá

B Say numbers from 30 to 100
Los números: 30, 32, 40, 50, 60, 70, 80, 90, 100

C Ask and say where someone else lives (roads and streets)

la calle, el paseo, la avenida, la plaza, etc.
*¿Dónde **vive** Luis?*
***Vive** en la calle Asalto.*

D Name colours and say what colour something is
***Los colores**: naranja, rojo, blanco, verde, gris, azul, marrón, rosa, negro, amarillo*
un estuche rojo, una cartera roja

¿Cómo es?

TOPIC FOCUS

- Talk about and describe animals
- Give a physical description of a person

GRAMMAR

- Verb: *ser* + adjectives of description
  Es alto. = He's tall.
  Es alta. = She's tall.

A ¿Tienes animales en casa?

¿Qué sabes?

¿Reconoces los nombres de los animales? Une el animal con el nombre.

a	un caballo		e	un pájaro
b	un conejo		f	un pez
c	una tortuga		g	un perro
d	un gato		h	un ratón

Escucha y comprueba.

1 **Escucha a los chicos y chicas. ¿Tienen animales en casa? ¿Qué animales son?**

1 Leticia
2 Elena
3 Tessa
4 Goreti
5 Héctor
6 Carlos

 2 **¿Y tú? ¿Tienes animales en casa? Habla con tu compañero/a. Si no tienes animales en casa, inventa.**

Ejemplo A: ¿Tienes animales en casa?
B: Sí, tengo dos gatos.

Pronunciación

The letter **z** is pronounced like **th** in 'thin'.

Escucha: *Zipi* *pez* *azul*

Pronuncia tú: *Zaragoza* *Beatriz* *diez*
pizarra

Note: In Latin America, the **z** is pronounced like **s**.

B ¿Cómo es?

 3 **Escucha y estudia.**

grande

Tengo un perro, un caballo, un ratón y un gato. Mi perro es feo. Mi caballo es grande. Mi ratón es pequeño. Mi gato es bonito.

feo

bonito

pequeño

4 **Escucha a Leticia, a Tessa y a Víctor. Describen a sus animales. Completa las fichas de los animales.**

1 Leticia – Patras

2 Tessa – Zipi

3 Víctor – Pío

Ficha		**Ficha**		**Ficha**
animal _____		animal _____		animal _____
nombre _____		nombre _____		nombre _____
años _____		años _____		años _____
color _____		color _____		color _____
descripción _____		descripción _____		descripción _____

5 **Lee la carta de Elena y escribe las fichas de sus animales.**

6 **Prepara una ficha de tu animal.**

¡Hola!

Me llamo Elena. Vivo en Zaragoza. Tengo doce años. Tengo dos tortugas en casa. Una se llama Chispa. Es pequeña; es de color verde y marrón y tiene tres años. La otra tortuga se llama Concha. Es grande y tiene cinco años. Es también verde y marrón.

Un abrazo,

Elena

  7 **Habla con tu compañero/a y completa la ficha de su animal.**

C Es carnaval

¿Qué sabes? *Look at these people in fancy dress (el disfraz).*

Masculino	Femenino
pequeño	*pequeña*
grande	*grande*

¿Qué significan las palabras?

rubi**o**   baj**o**

guap**a**   alt**a**

fe**o**

delgad**a**   moren**a**

gord**o**

| a | *el monstruo* |

| b | *la princesa* |

Escucha.

8 **Describe al monstruo, a la bruja, al esqueleto y a la princesa. Usa las palabras de arriba.**

Ejemplo *El monstruo es bajo y feo.*

| a | el monstruo |

| b | la bruja |

| c | el esqueleto |

| d | la princesa |

D Mi familia y mis amigos

9 **Elena describe a sus padres, a su hermano y a su amiga Tessa.
Lee la carta y completa con estas palabras:**

rubio/rubia   alto/alta   guapo/guapa   delgado/delgada   moreno/morena

¡Hola!

Te mando una foto de mi familia y mi amiga Tessa. Mi madre
se llama Gloria. Es ¹ .... , ² .... y ³ .... Mi
padre se llama José Luis. Es ⁴ .... y ⁵ .... y tiene
gafas y bigote. Mi hermano también se llama José Luis pero le
llamamos Pepe. Es también ⁶ .... y ⁷ .... y tiene gafas.
Es muy ⁸ .... Tessa es mi amiga. Vive en Inglaterra. Es
⁹ .... y tiene once años. Yo soy ¹⁰ .... , ¹¹ .... y
¹² ....
    ¿Y tú y tu familia?

Un abrazo,

Elena

Escucha y comprueba.

10 **Escribe una carta a Elena.
Describe a tu familia y a
un(a) amigo/a.**

¡Atención!

tener gafas = to wear glasses
tener bigote = to have a moustache

11 **Describe a estas personas
famosas.**

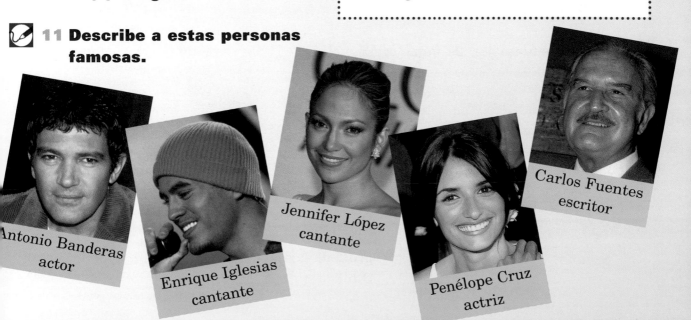

Antonio Banderas
actor

Enrique Iglesias
cantante

Jennifer López
cantante

Penélope Cruz
actriz

Carlos Fuentes
escritor

12 **Trae fotos y habla de tu familia, de tus amigos/as y de tus animales.**

Gramática

1 **Masculine and feminine adjectives >> p. 206 (physical description)**

To describe somebody, you use the verb *ser* + adjectives of description
Juan es alto y moreno.

You have already learnt how to change adjectives from masculine to feminine in lesson 8 (with colours). Don't forget to do this with all adjectives: *alto > alta*; *grande > grande*.

Ejercicios

1 Describe a los cuatro chicos y chicas.

| Miguel | Miguela | Pablo | Pabla |

1 ¿Cómo es Miguel? **2** ¿Cómo es Miguela? **3** ¿Cómo es Pablo? **4** ¿Cómo es Pabla?

> moreno/morena   rubio/rubia   bajo/baja
> gordo/gorda   feo/fea   guapo/guapa
> delgado/delgada   alto/alta

2 Pon en la lista M los adjetivos masculinos, en la lista F los femeninos, y en la lista M/F los que no cambian.

M	F	M/F
bonito	alta	azul

verde   azul   alta   bonito   guapa   delgado
grande   feo   delgada   gorda   baja   simpática
pequeño   guapo   marrón   alto   pequeña
rubia   moreno   naranja

Aventura semanal

El carnaval es muy popular en España y en Latinoamérica. Se celebra en febrero. Hay fiestas, bailes de disfraces y competiciones de disfraces. Hay desfiles por las calles. El carnaval más famoso en España es el carnaval de Tenerife en las islas Canarias.

¿Sabes?

¡Ya sabes!

Now you know how to ...

A Name pets and animals, and ask and say if you have pets at home
Los animales: *un gato, una tortuga, un caballo, un ratón, un pez.*
*¿**Tienes** animales en casa?*
*Sí, **tengo** dos perros.*
*No, **no tengo** animales en casa.*

B Ask what someone's pet is like and describe your pet
*¿**Cómo es** tu gato?*
***Es** grande y bonito.*

C Name the different things in a carnival procession
Vocabulario del carnaval:
disfraces, desfiles, el monstruo, la princesa, el esqueleto.

D Ask what people look like and describe your brothers, sisters and friends
*¿Cómo es tu herman**o**?*
*Es moren**o**, alt**o** y guap**o**.*
*¿Cómo es tu amig**a**?*
*Es delgad**a**, baj**a** y rubi**a**.*

En el club juvenil

TOPIC FOCUS

- Describe places
- Describe a person's character and personality
- Talk about games and sports

GRAMMAR

- *éstos / éstas* (these)
- Verb: *ser* + adjectives
  Es simpático / Son simpáticos.
- Plural of adjectives

- -

A Éste es mi club juvenil

¿Qué sabes? *Look at the picture in Activity A1. In Spanish, say where you can ...*

■ *read a book* ■ *make things* ■ *see a film* ■ *have a coffee* ■ *play games* ■ *have a swim*

1 Joaquín, el director, nos enseña su club. Une el nombre con el lugar correspondiente.

Ejemplo *1 b el taller de manualidades*

1 el taller de manualidades
2 el taller de arte
3 la biblioteca
4 la piscina
5 la cafetería
6 la sala de juegos
7 la sala de vídeo

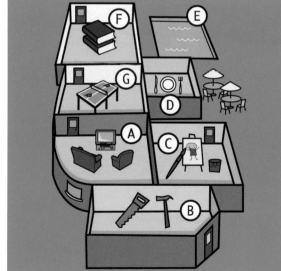

¿Masculino o femenino?
¿Singular o plural?

*Éste es **el** club.*
Éstos son unos chicos del club.
*Ésta es **la** biblioteca.*
Éstas son las mesas de ping-pong.

2 **Escucha. Daniel, Elena y Héctor describen su club. ¿Cómo es? ¿Qué hay?**

Daniel   Héctor   Elena

 3 **¿Qué hay en tu club? Habla con tus compañeros/as. Si no tienes un club elige uno (de Daniel, Héctor o Elena).**

Ejemplo *En mi club hay un taller de arte.*

B ¿Cómo es el club?

 4 **Lee y traduce la carta de Inés.**

Querida amiga:

Éste es mi club. Se llama Club Cultural Delicias. Es un club estupendo. Hay muchos chicos y chicas. Hay una biblioteca y una sala de vídeo. También hay una sala de juegos con ordenadores. Hay muchos juegos de ordenador.
El director del club se llama Joaquín. Es muy simpático y agradable. Tengo muchos amigos, son muy simpáticos y divertidos.
Mi mejor amiga se llama Marta. Es muy simpática e inteligente.
El club es muy divertido. ¿Tú tienes un club? ¿Cómo es?
¿Cómo son tus amigos? Un abrazo

Inés

---

 5 **Contesta la carta de Inés. Describe tu club ideal.**

 Lee tu carta a tus compañeros/as.

¡Atención!
simpático/a = nice
estupendo/a = wonderful, great
mejor amigo/a = best friend
divertido/a = enjoyable
de + el = del
*Es el director **del** club.*

C ¿Cómo eres?

 **¿Qué sabes?** ¿Qué significan las palabras de la lista de Actividad C6?

6 ¿Cómo son los amigos/as de Sebastián? Une a cada persona con la palabra que la describe. Escucha a Sebastián y comprueba. Escribe los nombres y después frases.

Ejemplo 1d: *Carlos es simpático.*

a inteligente
b tonto
c tranquilo
d simpático
e antipática
f divertido
g aburrida
h tímida
i simpática y
  nerviosa

7 Escucha a Inés. Describe cómo es ella y cómo es su hermana. Indica I (Inés) o H (hermana) en cada palabra de Actividad C6.

2 ¿Cómo **es**? *El chico* **es** *simpático.*
¿Cómo **son**? *Las chicas* **son** *simpáticas.*

8 **Lee tus emails.**

Read your e-mails.

¿Quién …

1 tiene dieciocho años?

2 es alta y morena?

3 habla cuatro idiomas?

4 es inteligente?

5 tiene un gato?

6 vive en un país donde no hablan español?

7 habla español pero no es de España?

A

Hola, soy una chica alemana de 18 años y estudio español. No hablo mucho español pero escribo un poco. Hablo también inglés y francés. ¡Busco amigos y amigas internacionales! Soy simpática y divertida. Contéstame, por favor.

B

Hola, soy Luis. Soy moreno, delgado, alto y guapo. Soy inteligente y divertido. Tengo 15 años y soy de Barcelona. ¿Tienes de 12 a 17 años? Escríbeme un email.

C

¡Hola! Me llamo Carmen Rodríguez Ruiz. Tengo catorce años. Soy alta y morena. Soy un poco tímida. Soy mexicana. Mi color favorito es el azul y tengo un gato bonito. ¿Tienes animales? Envíame un emilio.

 9 **Escribe un email para tus nuevos amigos y amigas. Descríbete.**

Describe yourself.

 10 **Describe a tus amigos y a tu familia.**

¡Atención!

contéstame = reply to me

escríbeme = write to me

envíame = send me

un emilio = an e-mail (in Mexico)

Gramática

1 **éste/ésta/éstos/éstas >> p. 207**

éste and *ésta* mean 'this' and in this lesson we have seen that they change if they refer to a man or a woman: *éste es mi padre* ('this is may father')/*ésta es mi madre* ('this is my mother'). The equivalent of the plural 'these' are *éstos*/*éstas*: *éstos son mis hermanos* (these are my brothers) and *éstas son mis hermanas* (these are my sisters).

2 ■ **Verb:** *ser* **>> p. 205**

You have already met the singular forms of *ser*: *soy*, *eres*, *es*. In this lesson you have also studied the plural form *'son'* (they are).

Juan es simpático. – Juan **is** nice.

Juan y Luis **son** *simpáticos.* – Juan and Luis **are** nice.

Note: masculine and feminine together = masculine

Juan y María **son** *simpáticos.* – Juan and María **are** nice.

■ **Verb:** *ser* **with adjectives**

¿Cómo **es el** *club?* – What is the club like?

Es *estupendo.* **Es** *bonito.* **Es** *grande.* – It's wonderful. It's nice (pretty). It's big.

¿Cómo **es la** *chica?* – What's the girl like?

Es *simpática.* = She's nice.

Ejercicios

1 Completa las frases.

| Ejemplo | *Éste es* Luis/Es muy tranquil**o**. |

1 .... mi amiga María. Es muy inteligent ... .
2 .... mis amigos. Son muy nervios .... .
3 .... Clara. Es aburrid .... .
4 .... mis hermanas. Son divertid .... .
5 .... Ana. Es muy antipátic .... .

2 Completa la conversación.

A: Tú [1] .... muy tranquila, Ana.

B: No, yo [2] .... muy nerviosa. Mi hermana [3] .... muy tranquila.

A: ¿Y cómo [4] .... tu hermano?

B: Mi hermano [5] .... inteligente pero .... muy aburrido. ¿Y tú, María? ¿Cómo [6] .... ?

A: Yo [7] .... muy tímida y aburrida.

B: ¡No! Tú [8] .... muy simpática.

A: ¡Gracias! ¡Tú [9] .... muy simpática!

Aventura semanal

Juegos populares ¿A qué juegas?

Los chicos y chicas españoles juegan mucho con los juegos de vídeoconsola y ordenador, pero también hay juegos tradicionales que son muy populares. Tessa y sus amigos juegan a las cartas, al parchís y a la oca. También juegan al futbolín y al billar.

¿A qué juegas tú?

la oca

el parchís

el billar

las cartas

el futbolín

> ### ¡Atención!
> ¿**A** qué juegas? = What do you play?
> Juego **a** las cartas. = I play cards.
>
> a + el = al
> Juego **al** parchís.

¿Sabes?

¡Ya sabes!

Now you know how to ...

A Introduce things and people
  Éste es mi club.
  Éstos son los chicos del club.

B Describe your club
  El club **es grande**.
  Hay una biblioteca, una cafetería, una sala de juegos, una sala de vídeo, un taller de manualidades, un taller de arte.
  No hay piscina.

B, C Say what people are like
  ¿**Cómo es** el director **del** club?
  El director es simpátic**o**.
  Mis amigas **son** divertid**as**.

Diversión

1 Señala las diferencias.

Ejemplos

En el Dibujo A ...
hay libros.
el gato es gris.

En el Dibujo B ...
no hay libros.
el gato es blanco.

2 Encuentra los nombres de los animales en el cuadro. Uno de los animales no tiene dibujo, ¿cuál es?

DEL	LLO	PER	JA	CO
TI	TU	LLO	NE	TO
NO	GRE	JO	GA	BA
GA	PA	TOR	FÍN	BA
RO	RO	CA	CA	MO

3 Repite el trabalenguas.

Tres tristes tigres
tragan trigo en
un trigal.

¿Qué hora es?

TOPIC FOCUS

- Ask and say what time it is
- Talk about your timetable
- Say what you do and what time you do it

GRAMMAR

- Verb: *ser* (to be)
  es / *son* (+ time):
  Son las dos. = It's two o'clock.
- Preposition: *a* (at)
- Verb: *ir* (to go)
  voy / *vas* / *va*

- -

A ¿Qué hora es?

 ¿Qué sabes?

**¿Qué hora es? Une las horas con los relojes.
Escucha.**

What time is it? Match the times with the clocks. Listen.

1 Son las seis.

2 Es la una.

3 Son las doce.

4 Son las diez.

5 Son las cuatro.

Lee, escucha y repite las horas.

| Son las tres y media. | Son las cinco y cuarto. | Son las seis y media. | Son las nueve y cuarto. |

¿Qué significa ... *y media?*
y cuarto?

1 ¿Qué hora es en los dibujos?

 Escucha y une los diálogos con los dibujos.

 **2 Mira los relojes y escucha las horas.**

┌─────────────────────────────┐
¡Atención!

el reloj = clock or watch
cada = each/every
└─────────────────────────────┘

3.15	3.30	3.45
Son las tres y cuarto.	Son las tres y media.	Son las cuatro menos cuarto.

 3 En esta casa los relojes no funcionan. ¿Qué hora es en cada reloj? Escribe.

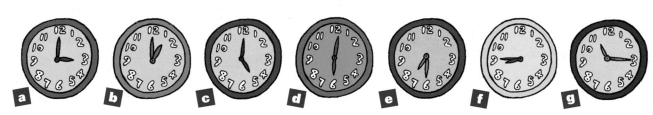

 Escucha y comprueba.

 4 Habla con tu compañero/a. Di una hora. Tu compañero/a completa el reloj. Continúa con más horas.

Say a time. Your friend completes the clock. Continue with more times.

1

¿Qué hora **es**?
Es la una.
(singular)

¿Qué hora **es**?
Son las dos.
(plural)

Son las tres de la tarde.

Ejemplo

Son las once y media.

B Las cinco y cinco de la mañana

5 Estudia.

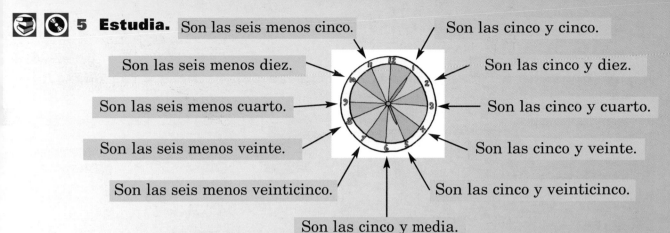

Son las seis menos cinco.

Son las cinco y cinco.

Son las seis menos diez.

Son las cinco y diez.

Son las seis menos cuarto.

Son las cinco y cuarto.

Son las seis menos veinte.

Son las cinco y veinte.

Son las seis menos veinticinco.

Son las cinco y veinticinco.

Son las cinco y media.

6 Escucha y marca el reloj correspondiente.

Listen and indicate the corresponding clock.

a b c d e f g

Señala un reloj y pregunta a tu compañero/a ¿Qué hora es?

Point to a clock and ask your friend the time.

> **¡Atención!**
> *la mañana* = until about 1 p.m.
> *la tarde* = until about 8 p.m.
> *la noche* = after about 8 or 9 p.m.

7 Escucha y estudia.

| la mañana | la tarde | la noche | Son las ocho **de** la mañana. | Son las cuatro **de** la tarde. | Son las diez **de** la noche. |

8 Escribe las horas.

Ejemplo 7.30 a.m. *Son las siete y media de la mañana.*

1 8.30 p.m.   **2** 12.40 p.m.   **3** 9.55 a.m.   **4** 3.10 p.m.

5 4.25 p.m.   **6** 9.15 a.m.   **7** 3.15 a.m.

C ¿A qué hora tienes Matemáticas?

¿Qué sabes? ¿Recuerdas las asignaturas?

9 Escucha a Tessa y Elena. Escribe las asignaturas y las horas.

¿A qué hora tienes Matemáticas?

A las nueve.

2 **Compara:**

¿**Qué** hora es?
Son las tres.
¿**A qué** hora tienes Inglés?
A las tres.

10 Habla con tu compañero/a.

Ejemplo A: ¿A qué hora tienes
Gimnasia?
B: Tengo Gimnasia a las diez
de la mañana.

**11 Escucha a Goreti y a Sara.
¿Cuál es su horario?**

12 Ahora habla de *tu* horario. Mira ¡Atención! en la página 75.

Ejemplo A: El lunes a las nueve tengo Inglés. ¿Y tú?
B: El martes de las diez a las once tengo …

D ¿Qué días vas al club?

¿Qué sabes? **¿Qué dicen?**
What are they saying?

3 **El verbo *ir***
(yo) **voy** al club.
(tú) **vas** al club.
(él/ella) **va** al club.

13 Escucha y estudia.

1 ¿Vas al gimnasio?

2 Sí, voy al gimnasio.

3 ¿Qué día vas?

4 Voy los martes.

5 ¿A qué hora vas?

6 Voy a las siete.

gimnasio

14 Escucha a Sara y a Goreti.

¿Qué días van al club?
¿Cuántos días van al club?
¿A qué hora van al club?

> **¡Atención!**
>
> ***de*** *seis* ***a*** *ocho* = from six to eight
> *(Voy)* ***los*** *lunes.* = (I go) on Mondays.

 15 Practica diálogos similares al de Actividad D13.

cine / domingos / 7 tarde	instituto / todos los días / 9 mañana	discoteca / sábados / 7 tarde

 16 Los conciertos de Enrique Iglesias en Centroamérica

Escucha el programa de radio.
Indica cuándo son los conciertos
de Enrique Iglesias: día, mes, hora.

	día	mes	hora
a Ciudad de México	*domingo 22*	*enero*	*8.30 tarde*
b Guatemala			
c San Salvador			
d Tegucigalpa			
e Managua			
f San José			
g Panamá			

17 Hay problemas y las fechas y horas de los conciertos cambian.

The schedule has changed due to problems.

Lee el artículo con las fechas y horas nuevas y marca las diferencias.

¡Atención!

actúa = performs

canta = sings

termina su gira = finishes his tour

Conciertos de Enrique Iglesias

¡Enrique Iglesias visita Centroamérica! Éste es el horario definitivo de sus conciertos: El primer concierto es en Ciudad de México el sábado veintiuno de enero a las ocho y media de la tarde. El lunes treinta de enero, Enrique actúa en la Ciudad de Guatemala, a las cinco y media de la tarde. En San Salvador canta el día once de febrero, sábado, a las siete y media. En Tegucigalpa hay concierto el viernes, veinticuatro de febrero, a las diez y media de la noche. El concierto de Managua es el jueves, día dos de marzo, en el Teatro Principal a las ocho de la tarde. En San José, Costa Rica, actúa, el sábado, cuatro de marzo, a las nueve de la noche y termina su gira en Panamá capital el sábado once de marzo a las once de la noche.

 Explica las diferencias a tu compañero/a.

Ejemplo *En Ciudad de Guatemala es en enero, no en febrero; no es el martes, es el lunes ...*

18 Escribe un calendario de conciertos de *tu* grupo favorito.

 19 Ahora prepara un programa de radio con tus compañeros/as.

Gramática

1 **¿Qué hora es?**

To talk about the time in Spanish, you use either *es* or *son* plus the time in numbers.

***Es** la una.* – It's one o'clock.

We use *es* because *una* (**1**) is singular.

With all other times (or numbers) we use *son*.

***Son** las dos.* – It's two o'clock.

Literally 'They are two'. We use *son* because *dos* (**2**) is plural.

Note: the question never changes: *¿Qué hora **es**?*

de la mañana / de la tarde / de la noche – in the morning / in the afternoon/evening / at night

y – past

menos – to (Literally: 'minus')

2 **¿A qué hora ... ?**

To ask 'at' what time you do something you use the word ***a***. This is a **preposition** and a very useful word that comes up in many situations.

*¿**A** qué hora tienes matemáticas?* – **At** what time do you have Maths?

*Tengo matemáticas **a** las dos.* – I have Maths **at** two.

3 **Verb: *ir* >> p. 205**

The verb ***ir*** (to go) is another irregular verb that is used a lot and that follows its own pattern.

(yo) voy	I go
(tú) vas	you go
(él / ella) va	he/she goes

***Voy** al cine los sábados.* – I go to the cinema on Saturdays.

*¿**Vas** al parque?* – Are you going to the park?

*Juan **va** al club.* – Juan goes/is going to the club.

Ejercicios >> p. 205

1 Completa las frases.

1 ¿Qué hora .... ?

.... la una.

2 ¿A qué hora es la clase de español?

.... las dos.

3 ¿Qué hora es?

.... las cuatro.

4 ¿A qué hora es el concierto?

.... las siete y media.

5 ¿Qué hora es?

.... la una y cuarto.

2 Escribe la forma correcta del verbo en el diálogo

¿María, [1] .... al cine conmigo o con Pedro?

¿A qué hora [2] .... al cine tú?

Yo [3] .... al cine a las cinco.

¿A qué hora [4] .... al cine Pedro?

Pedro [5] .... al cine a las siete.

Pues [6] .... al cine a las siete con Pedro, porque a las cinco [7] .... a clase de música.

¡Ya sabes!

Now you know how to ...

A Ask and tell the time
   *¿Qué hora **es**?*
   ***Es** la una menos cuarto.*

B Tell the time in five-minute intervals and say whether it is in the morning, afternoon or evening/at night
   *Son las cinco **y cinco**.*
   *Son las diez **menos veinticinco**.*
   *Son las ocho **de la mañana**.*
   *Son las seis **de la tarde**.*
   *Son las once **de la noche**.*

C Ask and say at what time you have a school subject
   *¿**A qué hora** tienes gimnasia?*
   *Tengo gimnasia **a** las nueve/**de** nueve a diez.*

D Ask and say what days and what times you go to a place like a club
   *¿Qué día **vas** al club?*
   ***Voy** al club **los** viernes.*
   *Elena **va** a las cinco.*

Aventura semanal

¿Qué hora es?
Buenos días, buenos días.
¿Qué hora es? ¿Qué hora es?
Son las ocho, son las nueve,
son las diez, son las diez.
Llego tarde, llego tarde
otra vez, otra vez.
Buenos días, buenos días.
¿Qué hora es? ¿Qué hora es?

 La canción

Un helado, por favor

TOPIC FOCUS

- Order food and drink
- Ask how much something costs

GRAMMAR

- Verb: *querer* (to want)
  quiero – I want / I'd like
- *Usted*

• •

A Un helado, por favor

¿Qué sabes? **Lee el menú. Une cada dibujo con su nombre.**

Comidas		*Bebidas*	
1 hamburguesa	€3.50	10 café	€1.20
2 pizza	€5.00	11 té	€1.10
3 sandwich	€2.50	12 chocolate	€1.25
4 bocadillo de jamón	€3.25	13 Coca Cola	€1.00
5 queso	€3.00	14 refrescos	€1.00
6 patatas fritas	€0.70	15 zumo de naranja	€1.50
7 helado	€1.90	16 agua mineral	€0.90
8 pastel	€3.15		
9 galleta	€1.50		

1 Escucha y comprueba. Escucha otra vez y repite.

2 Habla. Tu compañero/a indica algo del menú y tú lo pides.

Your friend points at an item and you order it.

| Ejemplo | Un helado, por favor. |

 3 Escucha a los chicos y chicas. Indica qué comen y beben.

 a 1   **b** ☐   **c** ☐   **d** ☐   **e** ☐   **f** ☐

 4 Estudia.

To order in a cafeteria, you can say:

Un helado, por favor. *or* Quiero un helado, por favor.

 5 Mira los dibujos y pide bebidas y comidas a tu compañero/a. Después escribe.

Ejemplo	A: *Quiero un helado, por favor.*
	B: *Sí, toma.*
	A: *Gracias.*

Bebida	Comida
zumo de naranja	patatas fritas
agua mineral	hamburguesa
refresco	pizza
chocolate	bocadillos

Un helado, por favor.

B ¿Qué quieres?

 6 **Escucha. ¿Qué quiere el chico? Pon en orden las cosas.**

Ejemplo   1 = c

¿Qué quieres?

Quiero un pastel.

> **¡Atención!**
> *un yogur* = a yoghurt
> *un caramelo* = a sweet
> *un chicle* = a piece of chewing gum

 querer – to want
(yo) quiero / *(tú) quieres* /
(él/ella) quiere
no quiero – I don't want

 7 **Escribe una lista de bebida y comida con tu compañero/a para una fiesta de cumpleaños.**

 Escucha la lista de Inés. Compara con tu lista. ¿Coinciden?

> **Pronunciación**
>
> Note that the letter **u** is not pronounced after **q**:
> **qu + e:** *queso*
> **qu + i:** *quiero*
>
> But the **u** is pronounced after **c**.
> **cu + a:** *cuántos*
>   *cuál*
> Ahora tú:
> *¿Cuándo? qué querido cuarenta quince ¿Cuántos quieres?*

C ¿Cuánto es?

¿Qué sabes?   **¿Qué numeros son?**

Setenta y cinco, treinta y ocho, cincuenta, veintinueve, noventa,
cien, sesenta y seis, diez.

**8 Inés va al
supermercado y
compra comida
y bebida para el
cumpleaños de
su hermana.
¿Qué compra?
Escribe el precio.**

D En la cafetería

**9 Escucha el diálogo. Marca lo que
quieren del menú.**

¡Atención!
y yo = and I (want)
¿Algo más? = Anything else?
nada más = nothing else
¿Cuánto es? = How much is it?

10 Lee y ordena el diálogo de Actividad D9.

Ejemplo 1 c

a ¿Algo más?

b Y yo un refresco y un pastel.

c ¿Qué quieren?

d Son once euros con cincuenta.

e Yo no quiero un refresco, quiero un helado.

f Yo quiero un café y un bocadillo.

g No, nada más, gracias. ¿Cuánto es?

 Escucha y comprueba.

 11 Practica diálogos similares con tu compañero/a. Usa el menú y los precios.

Gramática

1 **Verb: *querer* (to want) >> p. 204**

(yo) quiero – I want / I'd like

(tú) quieres – you want / you'd like

(él / ella / usted) quiere – he/she/you (formal) want(s) / would like

¿Qué quiere (usted)? – What would you like? (formal to one person)

When Spanish people speak to each other in formal situations such as talking to a shop assistant, a bank manager, or a stranger in the street, they use the formal form of 'you', *usted*. This formal way of saying 'you' takes the third person singular, the same as for 'he/she/it'.

¿Usted quiere un helado? – Would you like an ice cream? (singular)

Ejercicio

Completa el diálogo con la forma correcta de *querer*.

Y tu hermana. ¿Qué 4 .... ?

María 5 .... un refresco.

¿1 .... un helado, Juan?

No, gracias, no 2 .... un helado, 3 .... una gaseosa.

¿ 8 .... algo más?

No gracias, no 9 .... nada más.

Y tú, Pedro, ¿Qué 6 .... ?

Yo 7 .... un zumo.

Aventura semanal

El dinero en España

La moneda española es el euro. Antes era la peseta. El euro es la moneda de muchos países de Europa. Los billetes de euro son iguales en todos los países, pero las monedas tienen diferentes dibujos. En España las monedas de 1 euro tienen un dibujo del rey Juan Carlos. También hay otras monedas de 5, 10, 20 y 50 céntimos de euro.

¿Sabes?

¡Atención!

era = was
moneda = currency, coin
rey = king

¡Ya sabes!

Now you know how to ...

A Name items of food and drink in a bar or cafe and order them
un bocadillo, queso, un pastel, una hamburguesa, patatas fritas, un café, un té, un zumo, un refresco.
*Un bocadillo de jamón, **por favor**.*
***Quiero** un helado, por favor.*

B Ask what someone wants and say what you want and what you don't want
¿Qué quieres?
***Quiero** un zumo.*
***No quiero** un refresco.*

C, D Ask if someone wants anything else and ask and say how much the bill is (numbers)
¿Algo más?
No, nada más.
¿Cuánto es?
Son veinte euros cincuenta.

Gustos y disgustos

TOPIC FOCUS
- Say what food and drink you like
- Say which animals you like

GRAMMAR
- Verb: *gustar*
  me gusta (I like)
- Use of articles *un / una* (a) and *el / la* (the)
  Me gusta **el** *café.* – I like coffee.
- *¿Por qué?* – Why? *porque* – because

A Me gusta el chocolate

 ¿Qué sabes? *What foods are they eating in Activity A1? Make a list of the food and drink you know in Spanish.*

¿Qué significa *me gusta* y *no me gusta*?
¿Por qué decimos Me <u>gusta</u> la leche y Me <u>gustan</u> los plátanos?

---

 1 Lee y une las frases con los dibujos. Escucha y comprueba.

> *Ejemplo* 2 = c

a Me gusta la leche. **b** No me gusta la tortilla. **c** Me gusta el chocolate.

d No me gustan las hamburguesas. **e** Me gusta el queso.

f Me gustan los plátanos.

2 Estudia.

¿Te gusta la tortilla? **1**

No, **no me gusta** la tortilla. ¿Te gusta el chocolate? **2**

Sí. Me gusta el chocolate. **3**

 3 Escucha. ¿Qué les gusta?
¿Qué no les gusta?

 **1** Tessa

 **2** Elena

 **3** Pedro

4 Habla con tu compañero/a.

Ejemplo A: ¿Te gusta el chocolate?
B: Sí, me gusta. ¿Te gusta el café?
A: No. No me gusta el café.

 1

El verbo *gustar*

¿**Te** gusta el chocolate? (No) **me** gusta el chocolate. (singular)
Le gustan las patatas fritas. (plural)

 5 Escucha y repite.

las salchichas

las ensaladas

las patatas

los espaguetis

las verduras

las naranjas

las manzanas

los plátanos

las frutas

el pescado

la carne

Ahora tú. Habla con tu compañero/a.

Ejemplo A: ¿Te gusta(n) ... ?
B: No. No me gusta(n). ¿Te gusta(n) ... ?

6 **Escucha a Tessa en el restaurante.**
¿Qué quiere? Indica en el menú.

Cuarto de Libra™ con queso McPollo™ Filete de Pescado™ McNuggets™ Happy Meal™

Descubre todo el sabor que te rodea
en McDonald's™

Patatas Fritas

Ensaladas

Refrescos

Batidos

Sundaes™

McDonald's Sabemos lo que te gusta

Big Mac™

Pastel de Manzana

 7 **Practica diálogos con tu**
compañero/a similares a
éstos.

A: ¿Quieres un refresco?

B: No, no quiero, gracias.

A: ¿Por qué?

B: Porque no me gustan los refrescos.

A: ¿Quieres un filete de pescado?

B: Sí, me gustan los filetes de pescado.

2

*¿Quieres **un** refresco?*
*No, no me gustan **los** refrescos.*
¿Quieres patatas?
*Sí, me gustan **las** patatas.*

Continúa.

■ patatas fritas / sí

■ pastel de manzana / no

■ ensalada / sí

■ hamburguesa / no

■ helado / sí

Pronunciación – entonación

Note the intonation of *¿Por qué?* (Why?) and *porque*
(because).

In the question, your voice should rise at the end of
¿Por qué? and in *porque* it should fall.

Ahora tú:
¿Por qué no quiere café?
Porque no le gusta.

3

¿Por qué? = Why?
porque = because

B Mis gustos

 8 **Lee la carta. ¿Qué le gusta a Raúl? ¿Qué le gusta a su gato Felino? Indica y escribe frases.**

| Ejemplo | Le gusta la Coca Cola. |

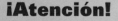

> Querido Jaime:
> Me gusta la Coca Cola y me gustan las ensaladas. No me gusta el queso y no me gustan las salchichas ni las hamburguesas. Soy vegetariano porque me gustan mucho los animales. Tengo un gato muy bonito que se llama Felino. Es negro y pequeño. Le gustan mucho las hamburguesas. También le gusta la leche. ¡Pero no le gustan las ensaladas! ¿Te gustan los animales? ¿Y qué te gusta comer y beber?
>
> Un abrazo,
> Raúl

9 **Contesta a Raúl. Escribe una carta similar.**

10 **Escucha las entrevistas. ¿Qué animales les gustan a los chicos y chicas?**

11 **Encuesta en la clase ¿Qué les gusta a tus compañeros/as?**

- comida
- bebidas
- animales

¿Qué comidas/bebidas/animales son más populares y menos populares?

¡Atención!

o = or

no … ni … = neither … nor …

para comer = to eat

para beber = to drink

porque = because

sobre todo = especially

muy = very

vegetariano/a = vegetarian

Gramática

1 a Verb: *gustar* >> p. 205

The verb *gustar* literally means 'to please', but is used to express likes and dislikes.

Me gusta el chocolate. – I like chocolate.
(Literally: 'Chocolate pleases me'.)

So, if we express likes in the plural:

*Me gust**an** las hamburguesas.* – I like hamburgers.
(Literally: 'Hamburgers please me'.)

In this example, *hamburguesas* is plural and so *gustar* must also be in the plural.

b *me, te, le* (pronouns) >> p. 207

***Me** gusta la ensalada.* – I like salad.
(Literally: 'Salad pleases **me**'.)

***Te** gusta la tortilla.* – You like omelette.
(Literally: 'Omelette pleases **you**').

***Le** gusta el chocolate.* – He/She likes chocolate.
(Literally: 'Chocolate pleases **him/her**'.)

■ Question form: **¿Te gusta la tortilla?** – Do you like omelette?
  (Literally: 'Does omelette please you?')

■ Negative: *No me gusta la tortilla.* – I don't like omelette.

2 Use of the article *el, la, los, las* after *gustar*

Although in English you put the noun directly after the verb 'to like', in Spanish you must use the definite article: ***el/la/los/las*** after *gustar*.

*Me gusta **el** chocolate.* – I like chocolate.
*No me gustan **las** patatas fritas.* – I don't like crisps.

3 *¿Por qué?* and *porque*

¿Por qué tienes un gato? – Why do you have a cat?
Porque me gustan los animales. – Because I like animals.

Note the difference between the question form *¿**Por qué?*** and the answer form ***porque**. ¿**Por qué?*** (Why?) is two separate words and carries an accent. ***Porque*** means 'because'. They go together. Someone asks you a question with *¿**Por qué?*** and you answer with ***porque***.

Ejercicios

1 Escribe frases con las palabras siguientes.

Ejemplo café ✘ *No me gusta el café.*

1 refrescos ✔
6 galletas ✔
2 pastel ✘
7 verduras ✔
3 pizza ✘
8 yogur ✘
4 patatas fritas ✔
9 plátanos ✘
5 fruta ✔
10 chocolate ✔

2 Completa el diálogo.

María: ¿Quieres ¹ .... helado, Luis?
Luis: No, gracias.
María: ¿Por qué?
Luis: Porque no ² .... el helado.
María: ¿No ³ .... el helado?
Luis: No, pero Ana quiere un helado. ⁴ .... mucho los helados. Yo quiero ⁵ .... naranja. ⁶ .... mucho ⁷ .... naranjas.

Aventura semanal

A mi tortuga le gusta la lechuga,
a mi pez el agua mineral.
A mi perro le gusta la hamburguesa,
y un filete para cenar.
A mi ratón le gusta el queso,
a mi gato le gusta mi ratón.
A mi conejo le gusta el chocolate,
y a mi pájaro le gusta el turrón.

🎵 **La canción**

¡Ya sabes!

Now you know how to ...

A ■ Ask and say if you like something
¿Te gusta el chocolate?
Me gusta el chocolate.
No me gustan las hamburguesas.

■ Ask if someone wants something and say if you want or don't want something
¿Quieres patatas?
No, no quiero, gracias.

■ Ask why, or why not, and give a reason
¿Por qué?
Porque no me gustan las patatas.

B Say what type of food and drink other people like and don't like
Le gusta la leche.
No le gusta la ensalada.

Tú, todos los días

TOPIC FOCUS

- Say what you eat and what time you eat
- Talk about your daily life

GRAMMAR

- Verbs ending in **-ar**, **-er**, **-ir**: present tense singular
- Radical-changing verbs

• •

A ¿Qué comes?

 ¿Qué sabes? *What do you have for breakfast* (desayuno), *lunch* (comida) *and dinner* (cena)?

 1 Escucha.

¿Qué desayunas?

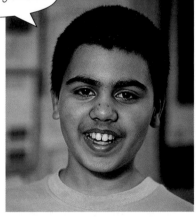

Desayuno leche y cereales.

 Verbs: present form

cenar:
ceno, cenas, cena

comer:
como, comes, come

escribir:
escribo, escribes, escribe

> **¡Atención!**
> *el Cola Cao = bebida de chocolate*
> *el desayuno = breakfast*
> *(yo) desayuno = I have breakfast*
> Remember: you don't need to say *yo*.

2 Escucha e indica qué desayunan.

1 = Leticia   2 = Goreti   3 = Sara   4 = Cristian

| **a** la leche | **b** las magdalenas | **c** las tostadas | **d** los cereales | **e** el Cola Cao | **f** las galletas |

 3 Pregunta a tus compañeros/as: ¿Qué desayunas?

 4 Escucha y estudia.

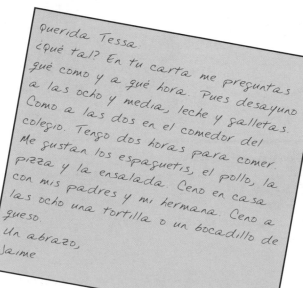

 **5 Lee la carta de Jaime.**

¿Qué come?
¿Dónde?
¿Cuándo?

Pregunta a tus compañeros/as.

Haz preguntas:
¿Qué desayunas?
¿Dónde comes?
¿A qué hora cenas?

B ¿Qué haces en el campamento?

¿Qué sabes?

Tessa y su amiga van al campamento este año. Tessa explica qué hace en el campamento. Une las fotos con las frases.

Ejemplo 1 = g

a Bailo.

b Toco la guitarra y canto.

c Pinto camisetas.

d Duermo la siesta.

e Escribo cartas.

f Como a las dos.

g Desayuno leche y pan.

h Hablo con mis amigos.

i Escucho música.

Pronunciación

Los diptongos (Diphthongs)

These occur when two vowels are pronounced together:

ai: *bailo* **ie:** *tiene, quiero*

ue: *juego, duermo, bueno* **ia:** *ciencias, gracias*

Ahora tú:

Jaime   colombiano   abuelo   nueve   viene

Escucha a Tessa y comprueba.

2

Un verbo un poco diferente: *dormir*

*d**ue**rmo   d**ue**rmes   d**ue**rme*

Nota: **o → ue**

6 Pregunta a tu compañero/a.

Ejemplo   A: ¿Tocas la guitarra?
          B: Sí, toco la guitarra./No, no toco la guitarra.

7 Ahora escribe frases.

Ejemplo   Yo toco la guitarra. David canta.

> **¡Atención!**
> *bailo* = I dance
> *no bailo* = I don't dance

C Un cantante famoso

8 Lee el artículo sobre el cantante Miguel de Ray.

a

b

c

d

e

f

g

Miguel de Ray, el famoso cantante, tiene 20 años y vive una vida normal. Éste es un día típico de Miguel:

1 10.30h: Cada día a las diez y media prepara su desayuno de leche con Cola Cao y galletas. No toma café.

2 11.00h: A las once practica su música en el estudio.

3 12.30h: Hace ejercicio en el gimnasio a las doce y media.

4 14.00h: A las dos come verduras y carne y para beber, agua.

5 15.30h: ¡Más música! Practica más música a las tres y media de la tarde.

6 17.00h: Nada en la piscina a las cinco con sus amigos.

7 22.00h: Después toma una bebida con sus amigos a las diez de la noche.

 Une las fotos con el texto.

Ejemplo   1 = d

Gramática

1 Regular verbs >> p. 204

In Spanish we use the present tense to say what we do regularly or are doing at this moment. The following are the regular singular forms:

-ar (*hablar* – to speak)	**-er** (*beber* – to drink)	**-ir** (*vivir* – to live)
(yo) hablo	*(yo) bebo*	*(yo) vivo*
(tú) hablas	*(tú) bebes*	*(tú) vives*
(él/ella) habla	*(él/ella) bebe*	*(él/ella) vive*

Note: Verbs ending in **-ir** have the same endings as verbs ending in **-er**.

All verbs in the *yo* (I) person end the same, with **-o**: *(yo) vivo*.

Add *no* for negative: *No bailo.*

Add *¿...?* for a question: *¿Bailas?*

2 Radical-changing verbs >> p. 204

Their endings are regular but note how the first part of the verb changes:

e → ie   *querer* to want   *qui**e**ro, qui**e**res, qui**e**re*

o → ue   *dormir* to sleep   *d**ue**rmo, d**ue**rmes, d**ue**rme*

Note: The verb *tener* 'to have' is similar but is different in the 1st person singular; ten**g**o, t**ie**nes, t**ie**ne

Ejercicios

1 Escribe la terminación de los verbos siguientes.

> *Ejemplo*   Yo desayun**o** cereales.

1 Tú tien…. clase.
2 Juan com…. ensalada.
3 Tú cen…. verduras.
4 María escrib…. cartas.

5 ¿(tú) Quier…. una coca cola?
6 Yo habl…. con mis amigos.
7 Luis escuch…. música.

2 Contesta las preguntas.

> *Ejemplo*   ¿Comes pizza?   *Sí, como pizza.*

1 ¿Desayunas cereales?   Sí, ………………………… .
2 ¿Tu hermana escucha música rock?   No, ………………………… .
3 ¿Cantas bien?   Sí, ………………………… .
4 ¿Tu padre duerme la siesta?   No, ………………………… .
5 ¿Cenas a las ocho?   Sí, ………………………… .

3 Construye frases.

1 Ana / hablar / con su profesor.

2 Yo / escuchar / música todos los días.

3 ¿Tú / comer / carne?

4 Miguel / no / practicar / deporte

Aventura semanal

El chocolate tiene su origen en Hispanoamérica. Los españoles ven chocolate por primera vez en México. La palabra 'chocolate' viene de la palabra azteca 'xocolatl' que significa 'alimento de los dioses' (food of the gods). En México era (was) la bebida de los emperadores y muy caro. Hernán Cortés, el conquistador español, es la primera persona europea que toma chocolate. En 1530 el chocolate llega a España.

Un churro es una especie de doughnut, una masa de harina y agua, frita en aceite. Es largo y delgado.

Los churros son españoles y llegan a América en 1511, primero a Cuba y después a México.

En España el desayuno típico de los domingos es el chocolate con churros. También es una merienda típica.

¿Sabes?

¡Ya sabes!

Now you know how to ...

A ■ Say the names of the main meals of the day
el desayuno, la comida, la cena

■ Ask and say what you have for breakfast, lunch and dinner
¿Qué desayunas? Desayuno cereales.

¿Qué comes? Como salchichas.

¿Qué cenas? Ceno tortilla.

B ■ Use regular **-ar**, **-er** and **-ir** verbs

■ Ask and say what you do at camp
¿Qué haces en el campamento?
Toco la guitarra.
Escribo cartas.

C Understand a text on daily routine
Cada día a las diez y media prepara su desayuno.

¿Qué haces?

TOPIC FOCUS
- Say what you do every day
- Say what you do at the weekend

GRAMMAR
- Irregular verbs: *hacer, ir, jugar*
- Prepositions: *a (a la, al), en, con*

A Voy al parque

¿Qué sabes? **Lee y une las frases con los dibujos.**

1 Voy al parque con mis amigos.

2 Juego en casa.

3 Voy al instituto.

4 Hago mis deberes en casa.

5 Voy al cine.

6 Hago deporte.

1 Escucha y comprueba. Repite las frases.

  2 Estudia y escucha.

El verbo *ir*

> ¿Adónde **vas**, Carmen?

> **Voy** al parque.

1 Carmen **va** al parque.

El verbo *hacer*

> ¿Qué **haces** en casa, Luis?

> **Hago** los deberes.

2 Luis **hace** los deberes.

El verbo *jugar*

> ¿A qué **juegas**, Elisa?

> **Juego** a las cartas.

3 Elisa **juega** a las cartas.

El verbo *ver*

> ¿Qué **ves**, Enrique?

> **Veo** un programa musical.

4 Enrique **ve** un programa musical.

Preposiciones

a: *Voy **a** la piscina.*
de: *Voy **de** excursión.*
en: ***en** casa*
con: ***con** mis amigos*

Nota la preposición:

*¿**A** qué juegas?* (At) what do you play?
*Juego **a** las cartas.* I play (at) cards.

Pronunciación

La letra **v** en español es como la letra **b** en inglés.

Escucha y repite:
v = b
voy   vas   va   vídeo   carnaval

3 ¿Qué hace Elena? Escucha y ordena las fotos.

 4 ¿Y tú? Practica el diálogo con tu compañero/a.

> **Ejemplo** A: *¿Qué haces todos los días?*
> B: *Voy al colegio, ...*

3 Los fines de semana

 5 Lee la carta de Inés a Elena. Completa la carta.

Querida Elena:
Todos los días voy ¹ .... instituto ² .... la mañana. ³ .... la tarde voy ⁴ .... club juvenil ⁵ .... mis amigos. Después voy ⁶ .... casa. Hago los deberes o juego ⁷ .... la vídeo consola y veo la televisión. Los fines de semana voy ⁸ .... cine ⁹ .... mis padres, o ¹⁰ .... parque ¹¹ .... mis amigos. Los domingos descanso ¹² .... casa y a veces voy ¹³ .... excursión.
¿Y tú? ¿Qué haces todos los días y los fines de semana?
Un abrazo,
Inés

> **¡Atención!**
> *todos los días* = every day
> *a veces* = sometimes
> *el fin de semana* = at the weekend
> *los fines de semana* = at weekends
> *el domingo* = on Sundays
> *después* = afterwards
> *descansar* = to relax
> *corregir* = to correct

 6 Escucha a Inés. ¿Qué diferencias hay con la carta?

7 ¿Qué haces tú? Escribe una carta similar a Inés o a tu amigo/a.

  8 Encuesta en la clase. Pregunta a tus compañeros/as: ¿Qué haces todos los días?

¿Qué actividades son más populares? ¿Y menos?

Escribe frases sobre cada estudiante.

| Ejemplo | *James va al cine los sábados.* |

C Entrevista con María Pepa

 9 Lee el artículo de la cantante María Pepa. Ordena los dibujos y escribe las horas.

 Lee en voz alta y traduce.

Todos los días, por la mañana, a las nueve, tomo un café solo o un té con leche, no como nada. Después voy a la piscina, a las nueve y media, y toco la guitarra de las once a las doce y media. A la una voy en bicicleta. A las dos como un bocadillo, bebo agua y hablo con mis amigas. Por la tarde de tres a seis y media toco el piano y canto. Por la noche, a las ocho más o menos, tomo tortilla o pollo con verduras y fruta, mucha fruta. Tengo conciertos a las nueve o las diez de la noche, en un club, los jueves, viernes, sábados y domingos. Los lunes, martes y miércoles, no hay conciertos. No tengo mucho tiempo libre, pero los lunes y los miércoles hago deporte por las tardes. Los martes siempre veo la televisión en casa y no hago nada más.

Gramática

1 Irregular verbs >> p. 204

hacer, *ver* and *ir* are three more important irregular verbs with their own pattern.

hacer (to do)	*ver* (to see/to watch)	*ir* (to go)
(yo) hago	*(yo) veo*	*(yo) voy*
(tú) haces	*(tú) ves*	*(tú) vas*
(él / ella) hace	*(él / ella) ve*	*(él / ella) va*

¿Ves la televisión? – Are you watching / Do you watch television?

Radical-changing verb

jugar (to play) *juego, juegas, juega*

See page 204 for more on radical-changing and irregular verbs.

2 Prepositions >> p. 207

You have already met the preposition *a* when telling the time, and *de* to mean 'of'. These little words can be used in different situations (or contexts) to mean different things.

a   *Voy a la piscina.* – I'm going to the pool.
     Voy al instituto. – I'm going to school.
     Note: *a + el = al*

de   *Voy de excursión.* – I am going on a trip.

en   *Estudia en casa.* – He/She studies at home.

con *Voy con mis amigos.* – I'm going with my friends.

por *Estudio por la mañana.* – I study in the morning.

Ejercicios

1 Completa la conversación.

Pedro: ¿Qué [1] .... el fin de semana, Luis?

Luis: [2] .... al cine y [3] .... en la discoteca. ¿Y tú?

Pedro: Yo [4] .... al fútbol y [5] .... de excursión.

Luis: ¿Y tu hermana? ¿Qué [6] .... ?

Pedro: Mi hermana [7] .... los deberes y [8] .... a la vídeo consola en casa.

Luis: ¿Y tú [9] .... los deberes?

Pedro: ¡No! ¡Yo no [10] .... los deberes el fin de semana!

2 Escribe las preposiciones: *a (al), con, en*.

1 Voy ...... la piscina.
2 Hago los deberes ...... mi hermano.
3 Juego ...... las cartas.
4 Estudio ...... el instituto Miraflores.

5 Bailo ...... la discoteca.
6 Voy ...... instituto.
7 Hablo ...... mis amigos en el club.
8 Hago mis deberes ...... casa.

Aventura semanal

Los juegos de vídeo consola y ordenador son muy populares en España y en Hispanoamérica. La internet es también un pasatiempo favorito y a muchos chicos y chicas les gusta especialmente "chatear". El "chateo" tiene símbolos especiales.

1	:)	sonriente
2	:(	enfadado
3	:D	risa
4	:DD	risas
5	XD	carcajada
6	XDD	carcajadas
7	:***	besos
8	;)	guiño ojos
9	:O	sorpresa
10	:P	sacar la lengua

1	smiling
2	angry
3	laughing
4	laughing a lot
5	a burst of laughter
6	a roar of laughter
7	kisses
8	wink, wink
9	surprise
10	sticking your tongue out

¿Sabes?

¡Ya sabes!

Now you know how to ...

A ■ Ask people what they are doing and say what you are doing
¿Qué haces?
Veo la televisión. Hago los deberes.
Juego a las cartas. Voy al parque.

■ Understand and use prepositions
*Voy **a** la piscina.*
*Voy **de** vacaciones.*
*Estudio **en** casa.*
*Juego **con** mis amigos.*

B, C Ask and say what you do every day and at the weekend
Todos los días como con mis amigas.
Los fines de semana juego al fútbol.

El cómic

Lee, escucha y actúa.

¿Qué te gusta hacer?

TOPIC FOCUS

- Say what you like and don't like doing in your free time
- Talk about music, sports and games

GRAMMAR

- Verb: *gustar* + infinitive
  Me gusta bailar.

A Me gusta bailar

¿Qué sabes? **Mira las fotos solamente. ¿Cuántas palabras recuerdas?**

Ejemplo *el fútbol/jugar al fútbol*

1 Une las fotos de la página anterior con las frases.

1 dibujar

2 jugar a la vídeo consola

3 ir a la piscina

4 patinar

5 hacer los deberes

6 jugar al fútbol

7 ir en bicicleta

8 escuchar música

9 bailar

10 ver la televisión

11 cantar

12 tocar la guitarra

 Escucha y comprueba.

Pronunciación

The endings of the infinitives of **-ar**, **-er** and **-ir** verbs are pronounced strongly.

Escucha: *comprar   comer   querer   vivir*

Ahora tú: *cenar   bailar   tener   beber   salir   dormir*

***gustar* + infinitivo**

Me gusta jugar al fútbol.

Me gusta bailar y cantar.

 2 Mira las actividades de Actividad A1, escucha e indica qué actividades les gustan a Jaime, Goreti y Elena.

Ejemplo *1 = i*

3 Escucha y estudia.

 4 Habla con tu compañero/a.

A: Adopta los gustos de Jaime, Goreti o Elena.
B: Adivina quién es.

 5 Lee la carta de Leticia. ¿Qué le gusta? ¿Qué no le gusta?

Escribe una carta similar.

Querido Raúl:

Me gusta patinar, me gusta jugar a la vídeo consola. No me gusta dibujar pero me gusta bailar y cantar. También me gusta tocar el piano. No me gusta estudiar ni hacer deberes. Me gusta todo tipo de música y ver la televisión.

Un abrazo,

Leticia

Ahora escucha a Elena e indica qué es diferente de la carta de Leticia.

Ejemplo   *Leticia*   *Elena*
              Me gusta patinar. Me gusta …

6 Mira las fotos de la página 104 y habla con tus compañeros/as.

Ejemplo: A: ¿Qué te gusta hacer?
               ¿Qué no te gusta hacer?
             B: Me gusta mucho jugar al
               fútbol, pero no me gusta
               patinar.

B Me gusta jugar al fútbol

¿Qué sabes? ¿Qué deportes son similares en tu idioma?
Escucha y repite.

Ahora une los nombres con los dibujos.

a el fútbol **b** el béisbol **c** el baloncesto **d** el bádminton **e** el atletismo

f el rugby **g** la natación **h** el judo **i** el tenis **j** el hockey **k** el voleibol

l el esquí **m** el ping-pong

¡Atención!
Useful expressions
jugar al fútbol but ***practicar*** el judo / la natación

¿Cuál es tu deporte favorito?
Mi deporte favorito es el fútbol.

7 Escucha a Tessa. Habla de sus amigos/as. ¿Qué deportes les gustan (✔) y qué deportes no les gustan (✗)?

8 Habla con tu compañero/a.

Ejemplo:

A: ¿Te gusta jugar al fútbol?
B: Sí, me gusta mucho./No, no me gusta.
A: ¿Cuál es tu deporte favorito?
B: Mi deporte favorito es el rugby.

C ¿Le gusta jugar al tenis?

¿Qué sabes? Mira estos objetos. ¿Sabes a qué deporte corresponden? ¿Sabes cómo se llaman? Busca en el diccionario.

9 **Lee y une los nombres con los dibujos de la página 108. Escucha.**

a un guante de cricket

b una portería

c una pelota de rugby

d unos patines

e unos esquís

f una raqueta de tenis

g un palo de hockey

h un balón de fútbol

i un gorro de water polo

j un casco de ciclismo

k una canasta

l un traje de baño

 10 **Habla con tu compañero/a. Es tu cumpleaños, ¿qué regalo (*gift*) quieres?**

Ejemplo A: *Es mi cumpleaños. Quiero una pelota de rugby.*
B: *¿Te gusta jugar al rugby?*
A: *Sí, me gusta mucho. (Es mi deporte favorito)*

11 **Encuesta de deportes. ¿Qué deporte es el más popular en la clase?**

Ejemplo A: *¿Qué deporte te gusta más?/¿Cuál es tu deporte favorito?*
B: *Me gusta más el fútbol./Mi deporte favorito es el fútbol.*

Gramática

 1 **Gustar + verb in infinitive**

You have already met the verb **gustar** followed by a noun: *me gusta el chocolate*. **Gustar** can also be followed by a verb in the infinitive form. This is the equivalent of 'I like doing ...'
Me gusta bailar. – I like dancing.

Other expressions with *gustar*:
Me gusta mucho. – I like it a lot.
No me gusta nada. – I don't like it at all.
Me gusta más el fútbol. – I like football most.

Ejercicios

1 Transforma las frases.

Ejemplo Toco la guitarra.   *Me gusta tocar la guitarra.*
            No duermo la siesta. *No me gusta dormir la siesta.*

1 No escucho música.

2 Hablo con mis amigos.

3 Pinto pósters.

4 Hago los deberes.

5 No veo la televisión.

6 Voy al instituto.

2 Contesta las preguntas.

Ejemplo ¿Tu hermano patina? *Sí, le gusta mucho patinar.*

1 ¿Escuchas música?
2 ¿Tu hermana dibuja?
3 ¿Vas en bicicleta?

4 ¿María toca la guitarra?
5 ¿Juan baila?
6 ¿Juegas al baloncesto?

¡Ya sabes!

Now you know how to ...

A Ask and say what you like doing and what you don't like doing
¿Qué te gusta hacer?
(No) me gusta ...
 jugar a la vídeo consola
 bailar
 cantar
 tocar la guitarra
 ver la televisión
 hacer los deberes
 jugar al fútbol
 ir a la piscina

B Ask about and talk about different sports
¿Cuál es tu deporte favorito?
Mi deporte favorito es ...

el fútbol, el baloncesto, el atletismo, la natación, el tenis, el voleibol, el ping-pong, el beisbol, el bádminton, el rugby, el judo, el hockey, el esquí.
Objetos deportivos: *una raqueta, un balón de fútbol, unos patines, un casco, una pelota, unos esquís, etc.*

C ■ Talk about things we use to play sport
una pelota, un patín, una raqueta de tenis, un palo de hockey, un casco de ciclismo, unos patines, unos esquís, etc.

■ Say you like something a lot and don't like something at all
Me gusta mucho.
No me gusta nada.

Aventura semanal

Me gusta el fútbol
Me gusta el fútbol
también la natación.
Me gusta el tenis
el hockey y el ping-pong.

Me gusta el rugby
me gusta el voleibol.
Me gusta el baloncesto
mi equipo es Campeón.

 La canción

¿Quieres ir al cine?

TOPIC FOCUS

- Accept and reject invitations and say why
- Talk about the cinema and buy tickets

GRAMMAR

- Verb: *querer* + infinitive
  Quiero ir al cine.
- Verb: *gustar* + infinitive
  Me gusta ir al cine.

A ¿Quieres ir al cine?

 ¿Qué sabes? *How do you invite your friends? Read the dialogue. What are they saying?*

¿Quieres ir a la piscina? **1**

No. No me gusta la piscina. **2**

¿Quieres ir al cine? **3**

4 Sí, bueno.

 1 Escucha y lee el diálogo.

 2 Estudia las invitaciones.

¿Quieres	ir	al cine?	
	venir?		Quiero …
	jugar	conmigo?	No quiero …
	salir?		
	ver	una película?	

¡Atención!

bueno = OK	*venir* = to come
vale = OK	*conmigo* = with me
salir = to go out	*contigo* = with you

1, 2

Verb: *querer* + infinitive
Quiero nadar.
Verb: *gustar* + infinitive
Me gusta ir al cine.

3 Ahora tú. Usa las fotos y habla con tu compañero/a.

Ejemplo

A: ¿Quieres patinar?
B: Sí, bueno./No, no me gusta patinar.
A: ¿Quieres patinar?
B: No, no quiero patinar.
A: ¿Por qué?
B: Porque no me gusta patinar.

¡Atención!
¿Por qué? = Why?
¿Por qué no? = Why not?

1 patinar

2 jugar a la vídeo consola

3 jugar al fútbol

4 jugar al tenis

5 ir a la piscina

6 jugar a las cartas

7 ir a la discoteca

8 ir a la bolera

B Una película de aventuras

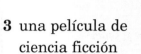 **¿Qué sabes?**

¿Quieres ir al cine conmigo?

Cover the words. Listen and match each film to a picture.

1 una película romántica

2 una película cómica

3 una película de
    ciencia ficción

4 una película de aventuras

5 una película de terror

6 una película policíaca

7 una película de
    dibujos animados

8 una película de guerra

9 una película del oeste

 4 **Lee y comprueba. ¿Qué películas te gustan más?**

Pronunciación

Listen to the sound of **cc** in these words:
*fi**cc**ión   a**cc**ión   produ**cc**ión*

Ahora tú.
*le**cc**ión   rea**cc**ión   sele**cc**ión   cole**cc**ión*

¡Atención!
Word order is usually opposite to English:

una película romántica

a romantic film

 5 **Pedro invita a María al cine.**
    ¿Qué películas les gustan y no
    les gustan? Escucha el diálogo.

 Ahora haz diálogos similares con
    otro tipo de película.

1 ¿Quieres ver una película de terror?

2 No. No me gustan las películas de terror.

Ejemplo
A: ¿Quieres ver una película de aventuras?
B: No, no quiero (ver una película de aventuras).
A: ¿Por qué no?
B: Porque no me gustan las películas de aventuras.

C Dos entradas, por favor

 6 **Escucha y mira el dibujo.**

Dos entradas, por favor. **1**

Toma. **2**

Doce euros cincuenta. **4**

¿Cuánto es? **3**

  7 **Escucha los diálogos y escribe el número de entradas y el precio para cada uno. Practica el diálogo con tu compañero/a.**

 8 **Lee la entrevista con Carlos y escribe una frase para cada foto. Completa la información de los datos personales de Carlos.**

Datos personales	
Nombre:	*Carlos*
Años:	*17*
De:	*Málaga*
Signo:	*Capricornio*
Estatura:	*1,83 m*
Color de ojos:	*Azul*
Le gusta:	*Música, naturalidad, chicas sinceras y*
Profesión:	*Estudiante y*

Carlos es un chico con mucho talento. Le gusta ir en su bicicleta de montaña, le gusta mucho el monopatín y el snowboard, y forma parte de un grupo musical. Carlos es el vocalista y toca la guitarra, la batería y el bajo. También es actor y hace películas.

Gramática

1 **Verb: *querer (to want)***

You have already met the verb *querer* followed by a noun: *quiero un pastel*. Like *gustar*, *querer* can also be followed by a verb in the infinitive form. This is the equivalent of 'want to do something'.
Quiero ir al cine. I want to go to the cinema.

2 **Verb: *gustar* + infinitive**

Remember you have to say:
Me gusta / Te gusta / Le gusta + *ver la tele.*

Note the difference in the following:
Me gusta el cine. / Me gustan las películas románticas.
but
Me gusta ir al cine.
Me gusta ver películas románticas.

Ejercicios

1 Cambia las frases.

Ejemplo ¿Vas al cine? → *¿Quieres ir al cine?*

1 ¿Haces deporte?
2 ¿Vas al club?
3 ¿Desayunas cereales?
4 ¿Juegas a las cartas?

5 ¿Escuchas música?
6 ¿Escribes una carta?
7 ¿Sales conmigo?
8 ¿Ves la televisión?

2 Completa el diálogo con *querer* y *gustar*.

Antonia: Pablo, ¿ ¹................ ir a la piscina?
Pablo: No gracias. No ²................ nadar. ¿ ³................ ir al cine?
Antonia: No, no ⁴................ el cine. ¿ ⁵................ ir a la discoteca?
Pablo: Sí, ⁶................ mucho bailar.

Aventura semanal

España es un país muy popular para hacer películas. En Almería, en Andalucía, hacen películas del oeste. En Tenerife hacen películas de ciencia ficción y en Belchite, en Aragón, hacen películas de guerra.

Almería

Tenerife

¡Ya sabes!

Now you know how to ...

A ▪ Invite people to different places and to do different things
¿Quieres ir al cine?
¿Quieres ver una película?

▪ Accept or reject invitations
Sí, bueno.
No, no me gusta.

B ▪ Describe different types of film
una película romántica
una película de terror

▪ Invite someone to a film, accept or turn down an invitation
¿Quieres ver una película de terror?
Sí, bueno.
No, no me gustan las películas de terror.

C Ask for tickets to the cinema
Dos entradas, por favor.
¿Cuánto es?

Me gusta ir de compras

TOPIC FOCUS

- Talk about different kinds of shops
- Say what you need to go camping
- Buy things you need to go camping

GRAMMAR

- Indefinite article: *un / una / unos / unas*
- Verbs: *necesitar, comprar*

A Las tiendas de mi ciudad

 ¿Qué sabes?   *Look at the photos of the shops in Activity A1. How many do you recognise? Do you know the name of some of the things they sell?*

1 Escucha y ordena las fotos. Después repite.

Ejemplo   1= j *(farmacia)*

2 Habla con tu compañero/a. Mira las fotos de Actividad A1.

Ejemplo
A: *(Indica la farmacia) (Point at the chemist).*
B: ¿Hay farmacias en tu pueblo?
A: Sí, en mi pueblo hay una farmacia.

3 Une los productos con sus nombres.

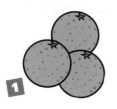
1

2

3

4

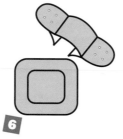
5

6

7

8

9

10

11

¡Atención!

Las Tiendas = Shops

una panadería –pastelería = baker – cake shop

una frutería – verdulería = fruiterer – greengrocer

un supermercado = supermarket

una pescadería = fishmonger

un quiosco = kiosk

una carnicería = butcher

una tienda de deportes = sports shop

una papelería = stationer

unos grandes almacenes = department store

una farmacia = chemist

una zapatería = shoe shop

a pan

b zapatillas de deporte

c un cuaderno

d un pastel

e tiritas

f naranjas

g pescado

h un periódico

i carne

j patatas

k una bolsa

Escucha y comprueba.

¿En qué tienda compras cada cosa? Escribe frases.

Ejemplo *Compro naranjas en la frutería.*

Pronunciación – acentos

Escucha y repite: *panadería   carnicería papelería*

¿Notas el acento? Compara con *farmacia, hacia.*

Ahora tú: *pescadería   librería   pastelería*

B El equipo del campamento

¿Qué sabes? | Tessa y sus amigos van al campamento. ¿Qué necesitan? Lee y une las palabras con los dibujos.

a un plato	**f** un bronceador	**j** una linterna
b una mochila	**g** unas botas	**k** unas tiritas
c un saco de dormir	**h** un cepillo de dientes	**l** un bolígrafo
d un mapa	**i** papel	**m** unas zapatillas de deporte
e una gorra		

Escucha, comprueba y repite.

4 Tessa describe la mochila de su amiga. ¿Qué mochila es?

1

Singular
un plato = one/a plate

Plural
unos platos = some plates

Mercedes

1

2

3

5 A: Elige una mochila y di qué tienes:
   Tengo un cepillo de dientes, una linterna ... .
   B: Adivina qué mochila es.

¡Atención!
necesitar = to need
la tienda = the shop
la cosa = the thing

C ¿Dónde compras las cosas para el campamento?

2

More -ar verbs: *necesitar* and *comprar*
Necesito un saco de dormir.
¿Compras una linterna?

¿Qué sabes? **¿En qué tiendas compras las cosas para el campamento (de Sección B)?**
¿Qué más cosas compras? Usa el diccionario.

Ejemplo *champú, pasta de dientes, ...*

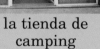
la tienda de camping

la zapatería

la librería

la farmacia

1   **2**   **3**   **4**

 6   Escucha y comprueba.

 7   Inés va a las tiendas a comprar las cosas necesarias para el campamento. Escucha.

1 ¿En qué tienda está?
2 ¿Qué compra?
3 ¿Cuánto es cada cosa?

 8   Estás en la tienda. Practica con tu compañero/a.

Ejemplo   A: *¿Qué quieres?*
          B: *Quiero un saco de dormir. ¿Cuánto es?*
          A: *Son 95 euros.*

Ahora cambia y compra otras cosas: tiritas, pasta de dientes, etc.

Gramática

1 Indefinite article (singular and plural) >> p. 206

You have already studied *un* and *una*, meaning 'a/an' in lessons 4 and 5 and you have seen these appear on many occasions. Below you also have the plural forms.

un / una = 'one' or 'a'   *unos / unas* = some

un plato – a plate/one plate   *unos platos* = some plates

una tirita – a plaster   *unas tiritas* = some plasters

2 More verbs ending in *-ar*: *necesitar* and *comprar*

(yo)	necesit**o**	compr**o**
(tú)	necesit**as**	compr**as**
(él / ella)	necesit**a**	compr**a**

Ejercicios

1 Elige *un / una / unos / unas*.

¿Qué necesitas para el campamento? Necesito …

1 ……. plato   **2** ……. mochila   **3** ……. mapa   **4** ……. cuadernos   **5** ……. saco de dormir   **6** ……. tiritas   **7** ……. bolígrafo   **8** ……. zapatillas de deporte   **9** ……. cepillo de dientes   **10** ……. botas   **11** ……. linterna   **12** ……. bronceador   **13** ……. gorra   **14** ……. zapatos   **15** ……. libros

2 Completa los verbos con la terminación (*ending*) correspondiente.

1 ¿Necesit…. una gorra, María?

2 Yo compr…. la fruta en el mercado.

3 Luis necesit…. libros y cuadernos.

4 Yo necesit…. unas zapatillas de deporte.

5 Juana compr…. un bronceador en el supermercado.

6 ¿(Tú) compr…. la linterna y el mapa?

Aventura semanal

"El Rastro"

Los mercados al aire libre (*open-air markets*) son muy populares en España y en Hispanoamérica. Hay puestos (*stalls*) que venden muchas cosas. En España tienen también otro nombre: "Rastro". El Rastro de Madrid, los domingos por la mañana, es muy popular y muy grande.

¿Sabes?

¡Ya sabes!

Now you know how to ...

A ■ Describe different kinds of shops
la panadería, la carnicería, la papelería, la librería, la pastelería, la zapatería
■ Ask and say what kinds of shops there are in your town or area
¿Qué tiendas hay en tu ciudad? Hay supermercados, zapaterías. ¿Hay farmacias en tu pueblo? Sí, hay farmacias, pescaderías, supermercados.

B Say what you need to go camping
una mochila, un saco de dormir, una gorra, una linterna, unas zapatillas de deporte, unas botas

C Say what you want and what you need in a camping shop
Quiero *una linterna / una mochila / unas zapatillas de deporte.*
Necesito *un saco de dormir / unas tiritas / unas botas.*

TOPIC FOCUS
- Talk about your clothes
- Say which clothes you like

GRAMMAR
- More on agreement of adjectives with nouns
- Verb: *llevar*

A ¿Qué ropa tienes?

 **¿Qué sabes?** *Look at the clothes in Activity A1. Do you know their Spanish names?*

 1 Mira sólo los dibujos, escucha y ordena la ropa.
Look at the pictures only, listen and put the clothes in the right order.

 Ahora une las palabras con los dibujos.

1 el abrigo
2 el anorak
3 la camisa
4 la camiseta
5 el chándal
6 la chaqueta

7 la falda
8 el jersey
9 el pantalón
10 el pantalón corto
11 los pantalones vaqueros
12 el vestido

 Escucha otra vez y repite.

2 Escucha a los chicos y las chicas, mira los dibujos de Actividad A1 y marca la ropa que tienen.

| Ejemplo | Leticia: a (pantalones cortos) . . . |

Leticia   Goreti   Jaime   Iñigo

¿Qué ropa es más popular?

 Agreement

una falda negra
unos abrigos negros

Note: *verde, azul, rosa* do not change in the singular.

 3 Los colores. Mira la ropa de Actividad A1 y practica con tu compañero/a.

| Ejemplo | A: ¿De qué color es la falda?
B: La falda es azul. |

 4 Pregunta a tus compañeros/as.

| Ejemplo | A: ¿Qué ropa te gusta?
B: Me gustan las camisetas.
A: ¿Qué ropa tienes?
B: Tengo una camiseta verde, tengo unos pantalones vaqueros, tengo un abrigo marrón. ¿y tú? |

¿Llevas uniforme?

 ¿Qué sabes? *Can you describe your uniform or the clothes you wear to school?*

 5 Lee la carta de Sara.

Querida Tessa:

Me preguntas si llevo uniforme. En muchos colegios españoles no hay uniforme, pero en mi colegio sí hay. Las chicas llevamos una falda roja y azul oscura de cuadros y jersey azul oscuro. Los chicos llevan pantalones grises. Llevamos zapatos negros y medias o calcetines negros o azules. No me gusta llevar uniforme pero es obligatorio. No tengo una foto con uniforme pero te envío un dibujo. ¿Y tú? ¿Llevas uniforme? ¿Cómo es? Mándame una foto. Un abrazo fuerte,

Sara

Contesta las preguntas.

1 ¿Qué dibujo es el uniforme de Sara?
2 ¿Los colegios españoles llevan uniforme?
3 ¿Le gusta a Sara llevar uniforme?
4 ¿Cómo es el uniforme de los chicos?

> **¡Atención!**
> *de cuadros* = chequered
> *los calcetines* = socks
> *las medias* = tights
> *la camiseta* = T-shirt/vest
> *el colegio* = school

2 *llevar* = **to wear; to carry**

(Yo) llevo uniforme.
– I wear a uniform.

(Tú) llevas una cartera.
– You carry/take a bag.

Pronunciación

In Spanish, **ll** is similar to the '**y**' sound in 'yellow'.

Escucha y repite: *llevar   llamar   amarillo   caballo*

Ahora tú: *silla   millón   galleta   taller*

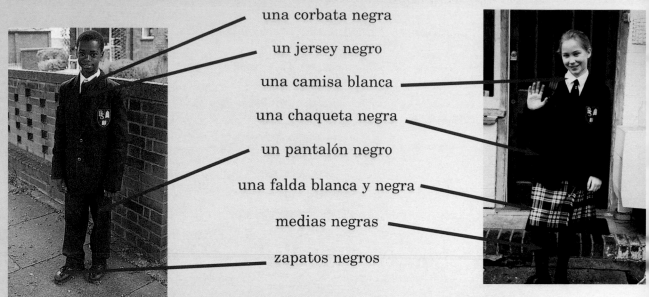

6 Mira los uniformes del colegio de Tessa.

una corbata negra

un jersey negro

una camisa blanca

una chaqueta negra

un pantalón negro

una falda blanca y negra

medias negras

zapatos negros

 Lee y completa la carta de Tessa.

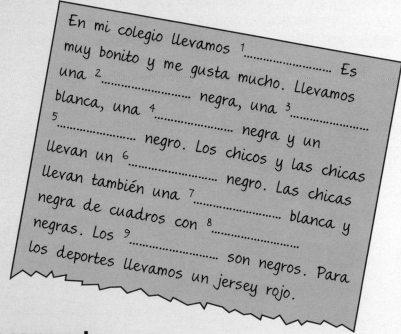

En mi colegio llevamos 1 .... Es muy bonito y me gusta mucho. Llevamos una 2 .... negra, una 3 .... blanca, una 4 .... negra y un 5 .... negro. Los chicos y las chicas llevan un 6 .... negro. Las chicas llevan también una 7 .... blanca y negra de cuadros con 8 .... negras. Los 9 .... son negros. Para los deportes llevamos un jersey rojo.

 Escucha y comprueba.

 7 ¿Y tú? ¿Llevas uniforme? Escribe una carta a un(a) amigo/a. Dibuja *tu* uniforme y descríbelo. (Si no llevas uniforme describe tu ropa típica.)

 8 Diseña *tu* uniforme o ropa ideal. Descríbelo a tu compañero/a.

Preparando la ropa del campamento

 ¿Qué sabes? ¿Qué ropa llevas en el invierno/en el verano?

 9 **Mira las fotos de Leticia. ¿Qué lleva en el invierno? ¿Qué lleva en el verano? Escribe dos listas.**

> **¡Atención!**
> *la primavera* = spring
> *el verano* = summer
> *el otoño* = autumn
> *el invierno* = winter

Ejemplo   *En el invierno lleva un abrigo.*

 10 **Pregunta a tu compañero/a:** **¿Qué ropa llevas en el invierno y en el verano?**

 11

Tessa y su madre preparan la mochila para ir al campamento. Mira los dibujos y marca lo que tiene (✔) y lo que no tiene (✗). ¿Cuántos tiene?

 12 **Mira la foto de estos famosos cantantes. Escribe su descripción para una revista.**

Escucha y comprueba.

> **¡Atención!**
> *un sombrero* = hat
> *unos paquetes* = parcels
> *estrellas* = stars

Gramática

1 Agreement of nouns and adjectives >> p. 206

As you know, adjectives must agree with masculine and feminine nouns.

el abrigo negro   *la falda negra*

Adjectives must also agree in the plural form.

los abrigos negros   *las faldas negras*

However, there are exceptions to this rule. The following adjectives do not change their endings in the singular:

- adjectives ending in a consonant: *marrón* (brown)
- adjectives ending in **-e**: *verde* (green)
- adjectives ending in **-a**: *rosa* (pink); *naranja* (orange)

el abrigo marrón / verde / rosa / naranja
la falda marrón / verde / rosa / naranja

Note also the plural of these adjectives:

- *marrón* adds **-es** and loses the accent: *los abrigos marrones / las faldas marrones*
- *azul* adds **-es**: *los abrigos azules / las faldas azules*
- *verde, rosa, naranja* add **-s**: *los abrigos verdes / rosas / naranjas*

2 Verb: *llevar*

The verb *llevar* has two meanings:

1 to wear (clothes)   *(yo) llevo botas.* – I wear boots.

2 to carry (something)   *(yo) llevo un paraguas.* – I carry an umbrella.

                               (tú) llevas – you carry/wear

                               (él / ella) lleva – he/she carries/wears

Ejercicios

1 Escribe la parte final de los adjetivos (colores).

Para el colegio llevo un pantalón [1] negr.... y una camisa [2] blanc.... , llevo zapatos [3] negro.... y calcetines [4] blanc.... . Para ir a la discoteca llevo camisa [5] amarill.... o [6] blanc.... , pantalones vaqueros [7] azul.... y botas [8] marron.... . En invierno llevo un anorak [9] verd.... o un abrigo [10] roj.... .

2 Completa las frases con el verbo *llevar*.

1 Yo .... una falda negra.

2 Y tú, ¿ .... uniforme?

3 Juan .... una cartera roja

4 ¿Tú .... gafas?

5 Ella .... una camiseta amarilla.

Aventura semanal

Voy elegante a la fiesta de mi amigo,
llevo camisa y llevo pantalón.

En el invierno yo llevo un abrigo,
y en el verano yo llevo bañador.

Elegante, elegante voy,
Elegante, elegante voy.

Hago deporte y llevo camiseta,
pantalón corto y gorra para el sol.

En el verano me gustan los vaqueros,
Los deportivos y gafas para el sol.

Elegante, elegante voy,
Elegante, elegante voy.

 La canción

¡Ya sabes!

Now you know how to ...

A Name different kinds of clothes you wear
una chaqueta, un vestido, un pantalón, un abrigo

B ■ Describe the colour and pattern of clothes you and your friends wear
Llevamos una falda roja y azul oscura de cuadros.

■ Make adjectives (colours) agree with nouns: masculine/feminine and
singular/plural
un pantalón negro / verde / azul / marrón / rosa
una falda negra / verde / azul / marrón / rosa
unos zapatos negros / verdes / azules / marrones / rosas
unas chaquetas negras / verdes / azules / marrones / rosas

C ■ Name the different seasons of the year
el verano, el otoño, el invierno, la primavera

■ Describe the clothes you need for a camp
una mochila, un anorak, un pantalón corto, un pantalón vaquero, un bañador

Los regalos

TOPIC FOCUS
- Talk about gifts
- Say what you are going to buy and for whom

GRAMMAR
- Immediate future: *ir a* + infinitive
- Preposition *para*

A Voy a comprar regalos

¿Qué sabes? *What presents do you give your friends? Do you know how to say them in Spanish?*

1 Francisco compra regalos para su familia y amigos.

Une los nombres con los objetos.

a unos pendientes	b una pluma	c unas gafas de sol	d un collar
e un disco compacto	f un llavero	g un pañuelo	h una pulsera
i un perfume	j un anillo		

Escucha y comprueba.

2 Mira los regalos de Actividad A1. ¿Qué regalo es para quién?

Which gift is for which person?

f mi padre

a mi hermana mayor

d mi abuelo

g mi madre

j mi primo Daniel

b mi hermano

c mi amigo Luis

e mi abuela

h mi prima Pili

i mi amiga Carmen

 3 Francisco está de vacaciones. Lee la carta que escribe a su prima Pili y rellena los espacios.

1 ***ir a* + infinitivo**

(yo) voy a comprar
(tú) vas a regalar
(él/ella) va a ir a la tienda

Querida Pili:

Te escribo desde el pueblo. Hoy [1] .... comprar regalos para toda la familia y para mis amigos. [2] .... comprar un anillo [3] .... mi hermana María y [4] .... comprar un libro [5] .... mi padre. [6] .... mi madre [7] .... comprar una pulsera. [8] .... mi amigo Jorge [9] .... comprar un llavero y para ti ... ¿Qué [10] .... comprar [11] .... ti? ¿Unos pendientes, una pulsera, un anillo, un disco ... ? No sé. Es una sorpresa. También [12] .... comprar un regalo para mí porque es mi cumpleaños pronto. Ahora voy a ir a las tiendas. Hasta pronto.   Francisco

---

 Escucha y comprueba.

2 ***para* = for**

para Luis – for Luis

¡Atención!
¿para quién? = for whom?
para mí = for me
para ti = for you

4 Escribe una carta a un(a) amigo/a explicándole qué regalos vas a comprar para tu familia y para tus amigos.

Write a letter to your friend explaining what gifts you are going to buy for your family and friends.

5 Pregunta a tus compañeros/as: ¿Qué vas a comprar para tu familia y amigos?

Pronunciación – la frase
Often, words that are written separately are joined in speech: *voy-a comprar; vas-a comer, Ana va-a bailar* Ahora tú: *voy a salir   vas a patinar va a estudiar*

Ortografía – acentos

Note: *mi* and *mí* are two separate forms.
mi bolso – my bag
El regalo es para mí. – The gift is for me.

Note: *ti* does not have an accent:
El regalo es para ti.

B Los anuncios

6 Lee los anuncios. ¿Qué objetos va a comprar cada chico/a? Lee en voz alta y traduce.

Luis

Daniela

Elena

Anuncios

Guitarra española. Muy barata. Llamar por las noches de nueve a diez y media al 456 8903.
a

Vendo disfraz de princesa, de color rosa, talla de 4 a 8 años. Llamar al 348 79 00 de cinco a siete de la tarde.
b

Anillo y pulsera niña. Llamar al 124 56 79 de dos a ocho de la tarde.
c

Bicicleta de montaña grande, como nueva. Llamar al teléfono 786 67 56 por las mañanas, de diez a una.
d

Cámara de vídeo. Excelente calidad y condición. Llamar al 390 45 57.
e

Unos pantalones de esquiar, en buenas condiciones, colores verde y azul. Talla 38. Llamar al 339 94 15: tardes.
f

Vendo bolso marrón. Barato. 365 74 97.
g

7 *Work in groups. You want to sell five of your things. Write advertisements for the newspaper with a description of the things, your phone number, price, etc.*

¿Qué vas a hacer el fin de semana?

  ¿Qué sabes? *Write down in Spanish as many free-time activities as you can think of.*

 8 **Inés dice qué va a hacer el fin de semana. Escucha y marca el dibujo correspondiente.**

 Escribe frases.

Ejemplo Inés va a nadar en la piscina.

  9 **Habla con tu compañero/a. ¿Qué vas a hacer el fin de semana? ¿Qué va a hacer Inés? ¿Qué va a hacer tu amigo/a?**

Gramática

1 *ir a* + infinitive

All the verbs you have dealt with so far have been in the **present**. If you want to talk about something that is going to happen in the future, one way in Spanish is to use the verb *ir* (to go) + *a* + the infinitive of the main verb. So if you want to say 'I'm going to buy a gift', say **Voy a comprar** *un regalo*.

Here are more examples:
*¿**Vas a ir** al centro?* – Are you going to go to the centre?
*Ana **va a llevar** una falda negra.* – Ana is going to wear a black skirt.

2 Preposition *para* = for

para Luis – for Luis

The word *para* means 'for' as in the following example:
*Voy a comprar un regalo **para** mi amigo.* – I'm going to buy a gift for my friend.

If you want to say 'for me', say *para mí*. 'For you' is *para ti*.

Ejercicios

1 Escribe las frases completas.

> **Ejemplo** Yo / comprar / un libro / mi hermano →
> *Yo voy a comprar un libro para mi hermano.*

1 Tú / comprar / unos pendientes / tu prima
2 Juan / escribir / un poema / su madre
3 Yo / tocar la guitarra / mis amigos
4 María / comprar / entradas / su familia
5 Tú / hacer / los deberes / el profesor de español

2 Rellena los espacios en blanco.

Ana: Yo¹ ………. ………. ir a la tienda y ² ………. ………. comprar un regalo
        ³ ………. mi hermana, es su cumpleaños.

Pedro: ¿Qué ⁴ ………. ………. comprar?

Ana: Yo ⁵ ………. ………. comprar una pulsera y mi hermano ⁶ ………. ……….
        comprar un anillo.

Pedro: ¿Y tu hermana ⁷ ………. ………. tener una fiesta?

Ana: Sí, ⁸ ………. ………. tener una fiesta mañana.

Aventura semanal

Regalos típicos de Guatemala

La artesanía de Guatemala es muy bonita y famosa. Hay cerámica, textiles, esculturas de madera y de barro, cajas de madera, joyas y muchas cosas más. Éstos son algunos de los regalos que puedes comprar.

¿Sabes?

¡Ya sabes!

Now you know how to ...

A ■ Say the names of things you might buy as gifts
unos pendientes, una pluma, un disco compacto, un anillo, un perfume, un llavero, un collar.
■ Ask and say who you are going to buy a gift for
¿Qué vas a comprar para tu madre/tu abuelo/tu amiga?
Voy a comprar un collar para mi madre.
Ana va a comprar un anillo para su padre.
Para mi madre voy a comprar unos pendientes.

B ■ Understand the content of 'for sale' advertisments in the newspaper
■ Write similar advertisements offering items for sale

C Ask and say what people are going to do
¿Qué vas a hacer este fin de semana?
Voy a comprar regalos.
Inés va a ir a la piscina.

Diversión

1 🕐 **Escucha la conversación entre María y Jorge.**

📖 **Lee y pon las seis partes del diálogo con los dibujos correspondientes.**

😐 **Representa el diálogo con tu compañero/a.**

a
María: Bueno ¿Quieres ir al cine? ¿Quieres ver una
       película cómica?
Jorge: ¡Ay no! No me gusta ir al cine.
       No me gustan las películas cómicas.
María: Pero ... ¡Qué tonto!

b
María: Pues ... ¿Qué te gusta hacer?
Jorge: Me gusta ver vídeos en casa.

c
María: Vale ... ¿Quieres jugar al tenis?
Jorge: ¡Ay no! No me gusta jugar al tenis. No me
       gustan los deportes.
María: Pero, Jorge ... ¡No es posible!

d
María: Jorge, ¿quieres ir a la piscina conmigo esta
       tarde?
Jorge: ¡Ay no! No me gusta nadar.
María: ¿Quéeee? ¿No te gusta nadar?

e
María: Pues, lo siento, Jorge. ¡No me gusta ver
       vídeos y no me gustas tú! ¡Adiós!
Jorge: Pero, ¡María! ... ¡María! ... ¡Por favor ...
       María!

f
María: Bueno, pues ... ¿Quieres ir a la discoteca?
Jorge: ¡Ay no! No me gusta bailar.
María: ¿No te gusta bailar? ¡Qué aburrido!

De vacaciones

TOPIC FOCUS

- Talk about your holidays
- Say where you are and where you are going
- Say where a place is located

GRAMMAR

- Verb: *estar*

A ¿Adónde vas de vacaciones?

¿Qué sabes? *Without looking at the words, do you know the names of the places in Activity A1?*

1 Escucha y ordena los dibujos.

 **1** la montaña

2 la playa

3 el pueblo

4 el campo

5 el extranjero

6 el campamento

Lee las palabras y comprueba.

🔲 **2 Mira y escucha.**

> ¿Adónde vas de vacaciones?
>
> **1**
>
> Voy al pueblo.
> ¿Adónde vas tú?
>
> **2**
>
> **3** Voy a la montaña.

¡Atención!

¿Dónde? = Where

¿Adónde? = Where to

(although *¿dónde?* is also used: *¿Dónde vas?*)

al = a + el : Voy **al** campo.

> No voy de vacaciones.

🔲 **3 Escucha a los chicos y chicas y di adónde van de vacaciones.**

1 Goreti **2** Carlos **3** Elena **4** Leticia **5** Cristian

la montaña   el campamento   la playa

el pueblo   el campo   el extranjero

🔲😀 **4 Practica el diálogo de Actividad A2. ¿Adónde vas de vacaciones? Usa los dibujos de Actividad A3.**

B ¿Dónde está Pedro?

5 Pedro está en casa. ¿Dónde están los amigos y amigas de Pedro?
Escucha y une a los chicos y chicas con los dibujos.

¿Dónde están mis amigos?

Vanessa

Julio

Natalia

Francisco

Goreti

1

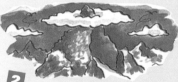

2

3

4

5

Ahora escribe frases. | *Ejemplo* | Julio está en el pueblo.

6 Estudia y escucha.

1

Verbo: *estar* = to be (position)
(yo) estoy – I am
(tú) estás – you are
(él / ella) está – he/she is

¡Hola! Soy María. **1**

2 ¡Hola María! ¿Dónde estás?

Estoy en el pueblo. **3**

7 Habla con tu compañero/a.
Elige varios lugares: la
piscina, el cine, etc.
Choose several places.

| *Ejemplo* | A: ¿Dónde estás?
B: Estoy en el/la ...

Cambia.

C ¿Dónde está el campamento?

 8 **Hoy Tessa y otros chicos y chicas van al campamento de vacaciones. Tessa habla con su nueva amiga, Pili. Escucha y elige la respuesta correcta.**

1 Pili es …

a) de Zaragoza.   b) de Barcelona.

2 Pili va al campamento …

a) todos los años.   b) por primera vez.

3 Tessa va al campamento …

a) todos los años.   b) por primera vez.

4 Las tiendas de camping son …

a) grandes.   b) pequeñas.

5 El campamento está …

a) en Broto.   b) cerca de Broto.

6 Broto es un pueblo …

a) pequeño.   b) grande.

> **¡Atención!**
> *la tienda de camping* = tent
> *cerca (de)* = near (to)
> *lejos (de)* = far (from)

¿Dónde está el campamento?

El campamento está en las montañas. Está en Broto.

 9 **Estudia.**

 10 **Tessa escribe a su amiga Lindsey. Completa la postal.**

Querida Lindsey:
1 .... en un campamento. El campamento **está** en las montañas, en los Pirineos de España. 2 ....
cerca de Broto, un pueblo pequeño y muy bonito. 3 .... cerca de una montaña muy alta que se llama El Mondariego.
4 .... lejos de Belchite donde viven mis abuelos. El campamento 5 .... en una pradera y el río 6 .... cerca.
Hasta luego
Tessa

Escribe las frases de la postal que corresponden a cada foto.

| Ejemplo | a = *El campamento está en las montañas, en los Pirineos.* |

 **11 Estás de vacaciones. Elige un lugar. Escribe una postal.**
You are on holiday. Choose a place, say where it is and what it is like.
Write a postcard.

Gramática

1 ***estar* (to be) >> pp. 204–5**
You have already learnt *ser* meaning 'to be'. The verb *estar* is used to describe where something is:
Estoy en casa. – I am at home.
¿Dónde estás? – Where are you?
Mi hermano está en Madrid. – My brother is in Madrid.

Ejercicios

1 Completa los diálogos.

1 Ricardo: ¿Dónde .... Juan?
Susana: Juan .... en el cine.

2 Ricardo: ¿Dónde .... tú, Susana?
Susana: Yo .... en la discoteca.

3 Ricardo: ¿En qué discoteca .... , Susana?
Susana: Yo .... en la discoteca Jockey.

4 Ricardo: ¿Dónde .... la discoteca Jockey?
Susana: La discoteca Jockey .... en la avenida Constitución.

2 Completa el diálogo con la forma correcta de los verbos *ir* y *estar*.

María: ¿¹ .... de vacaciones a la playa, Fernando?

Fernando: Sí, ² .... a un pueblo. El pueblo ³ .... en la playa. Mi casa ⁴ .... muy cerca de la playa. Y tú, ¿⁵ .... a la playa?

María: Sí, ⁶ .... a la playa. ⁷ .... quince días en la playa, pero también ⁸ .... a la montaña con mi tía. Mi tía ⁹ .... a la montaña porque tiene una casa muy grande. La casa ¹⁰ .... en un pueblo muy bonito. Yo ¹¹ .... en la montaña diez días.

Aventura semanal

¿Cómo pasan los niños las vacaciones?

Las vacaciones de verano en España son muy largas, desde junio hasta septiembre: en total tres meses aproximadamente.

En Colombia, los colegios toman las vacaciones en noviembre, diciembre y enero, o en julio y agosto. Los chicos colombianos visitan a los abuelos o van a la playa en Cartagena y otros lugares.

¿Sabes?

¡Ya sabes!

Now you know how to …

A ■ Name different types of holiday destination
la montaña, la playa, el pueblo, el campamento, el extranjero, el campo

■ Ask someone where they are going on holiday and say where you are going on holiday
¿Adónde vas de vacaciones?
Voy al pueblo / a la montaña / al extranjero.

B Ask and say where someone is
¿Dónde está Pedro? / ¿Dónde estás?
Julio está en el pueblo.
Estoy en la playa.

C Say where places are in relation to other places
El campamento está cerca de las montañas.
Está lejos de la playa.

¿Cómo es tu ciudad?

TOPIC FOCUS
- Say where you live
- Talk about your city or town

GRAMMAR
- Verbs: *es* / *hay* / *está* (contrast)

A ¿Cómo es tu ciudad?

¿Qué sabes? **Sin mirar el dibujo, lee las palabras. ¿Qué significan?**

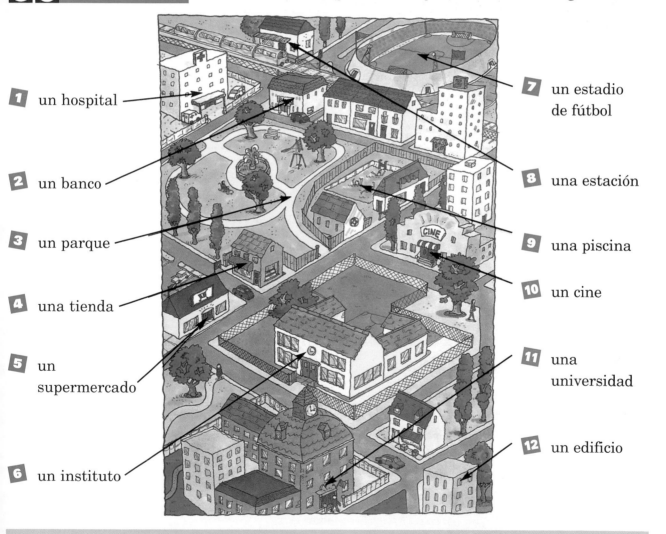

1. un hospital
2. un banco
3. un parque
4. una tienda
5. un supermercado
6. un instituto
7. un estadio de fútbol
8. una estación
9. una piscina
10. un cine
11. una universidad
12. un edificio

1 Mira el dibujo sin mirar las palabras y escucha. Indica los lugares.

2 Practica el diálogo. Mira el dibujo de la página 143 y señala un lugar.

Ejemplo

A: ¿Qué hay en tu ciudad?
B: Hay una piscina.

Cambia y continúa.

3 Tessa y Pili hablan de la ciudad y del campamento. Escucha y contesta.

1 ¿Dónde vive?
2 ¿Cómo es la ciudad?
3 ¿Prefiere el campamento/la ciudad?
4 ¿Por qué?
5 ¿Qué hay?

4 ¿Y tú? Habla con tu compañero/a.
A: ¿Dónde vives?

Ejemplo

B: Vivo en …
A: ¿Cómo es tu ciudad?
B: Es bonita.
A: ¿Qué hay?
B: Hay muchas cosas …
A: ¿Te gusta?
B: Sí, me gusta mucho.
A: ¿Por qué?
B: Porque es muy divertida.

> **¡Atención!**
> *tranquilo/a* = peaceful
> *interesante* = interesting
> *ajetreado/a* = hectic, busy
> *aburrido/a* = boring
> *bonito/a* = pretty, nice
> *feo/a* = ugly
> *preferir* = to prefer
> *prefiero* = I prefer

B La ciudad espacial

5 Pili y Tessa hacen un proyecto sobre una ciudad espacial. Lee su artículo y escribe una lista de lo que no hay en el dibujo de la página siguiente.
Write a list of the things that don't appear in the picture on the opposite page.

La ciudad espacial

En la ciudad hay una estación espacial. Hay un hospital de robots. Hay restaurantes y supermercados modernos. También hay muchos estadios de deportes, de fútbol y de baloncesto y hay piscinas. No hay cines. La gente ve las películas en casa. Hay institutos, pero los estudiantes estudian con los ordenadores y con los robots. Los estudiantes estudian también en casa con los ordenadores. Hay coches y trenes espaciales. Hay parques con árboles de metal y monumentos de plástico.

  **6 ¿Dónde está?**
Estudia.

todo recto
straight on

a la izquierda
to the left

a la derecha
to the right

 7 Escucha y marca el dibujo correspondiente.

 a  b 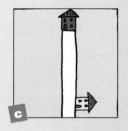 c  d

Hay *un parque.* – There is a park.
Es *bonito.* – It's nice/pretty.
Está *a la derecha.* – It's on the right.

8 Lee y escucha.

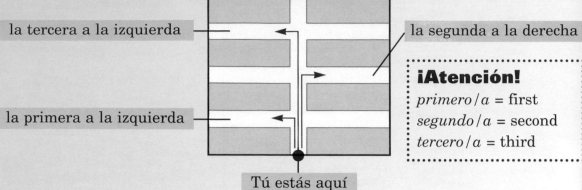

la tercera a la izquierda

la segunda a la derecha

la primera a la izquierda

¡Atención!

primero/a = first
segundo/a = second
tercero/a = third

Tú estás aquí

9 Escucha e indica los lugares en el plano: la piscina, el instituto, el estadio de fútbol, el supermercado, el parque y la estación.

| Ejemplo | 1 F = la piscina

Escribe frases.

| Ejemplo | La piscina está en la primera a la derecha.

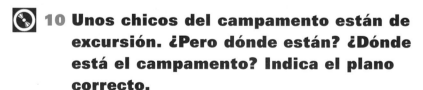

C De excursión

10 Unos chicos del campamento están de excursión. ¿Pero dónde están? ¿Dónde está el campamento? Indica el plano correcto.

a

b

c

11 Habla con tu compañero/a. Describe otro de los planos. ¿Cuál es?

12 Envía a un amigo un plano de *tu* zona. Explica dónde están las cosas.

| Ejemplo | A la derecha está el instituto ...

Gramática

1 ***Ser, estar, hay***
Look at these three phrases:
Hay *un parque.*
Es *bonito.*
Está *a la derecha.*

- *Hay* means 'there is' or 'there are'.
  En la ciudad ***hay*** *un estadio.*
- *Es* is from the verb *ser*, which means 'to be' and refers to a permanent description of something.
  Es *inteligente.* ***Es*** *alto.*
- *Está* is from the verb *estar* which, as we have just learnt, refers to the position of something, e.g. 'It's on the right'.
  Está *a la izquierda.* ***Está*** *aquí.* (here)

Ejercicios

1 Elige *es* o *está*.
  1 Luis .... en el pueblo.
  2 ¿Dónde .... la cartera?
  3 ¿Cómo .... la cartera?
  4 María .... en la playa.
  5 El hospital .... a la derecha.
  6 La piscina .... muy grande.

2 Completa el texto con *hay*, *es* o *está*.
  Mi ciudad [1] .... pequeña y [2] .... en el sur de España. [3] .... cerca de Málaga y [4] .... una playa. La playa [5] .... muy bonita. En la ciudad [6] .... un cine. El cine [7] .... muy grande. [8] .... muchas películas en el cine. El cine [9] .... a la izquierda del parque. El parque [10] .... bonito. En el parque [11] .... muchos chicos y chicas.

Aventura semanal

Todo recto, todo recto,
al final.
Todo recto, todo recto,
¿dónde está?

Izquierda, derecha,
izquierda, derecha,
delante, detrás,
no sé dónde está.

 La canción

¡Ya sabes!

Now you know how to ...

A ■ Ask what someone's town is like
and describe it
*¿**Cómo es** tu ciudad?*
*Mi ciudad es **grande**.*

■ Ask what there is in a city or town
***Hay** un hospital, un banco, un
parque, un supermercado, una
piscina, una estación, un estadio
de fútbol, etc.*

B Ask for and give directions
*¿**Dónde está** el campamento?*
Todo recto.
La primera a la derecha.
La segunda a la izquierda.
La tercera a la derecha.

C ■ Practise listening to, following
and giving more directions
■ Explain where things are on a
map of your area

TOPIC FOCUS

- Talk about your home
- Say where the rooms are in your house
- Describe locations of places and objects

GRAMMAR

- Prepositions and expressions of location

A ¿Cómo es tu casa?

¿Qué sabes? *Think of the rooms in a house. Find out their names in Spanish. We use these words to describe a house. What do they mean?*

cómoda, confortable, grande, pequeña, oscura, bonita, fea

1 Tessa y Pili están en el campamento. Hablan de sus casas en la ciudad.

1 ¿Qué prefieres, la casa o el campamento?

2 Me gusta el campamento, pero mi casa es muy cómoda.

3 ¿Cómo es tu casa?

2 **Tessa habla de las habitaciones de su casa. Tapa las palabras y escucha. Mira las palabras y repite.**

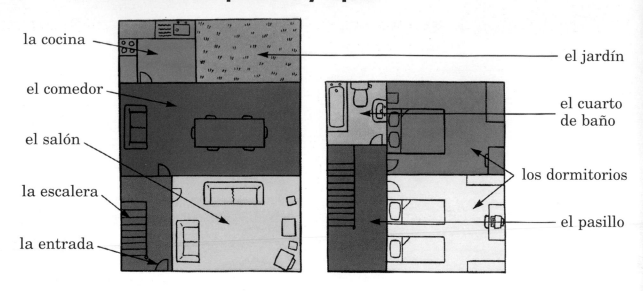

la cocina

el jardín

el comedor

el cuarto de baño

el salón

los dormitorios

la escalera

el pasillo

la entrada

> **¡Atención!**
> *una casa* = a house
> *un piso* = a flat or a storey
> *cómodo/cómoda* = comfortable
> *oscuro/oscura* = dark

 3 **Tatiana habla de su casa. Escucha y ordena las fotos.**

a

b

c

d

e

f

3 ¿Dónde está Raúl?

 ¿Qué sabes? | **Mira las fotos de la casa de Raúl. Une las fotos con las frases.**

1

2

3

4

5

6

7

> a Ésta es la cocina.

> b Éste es el comedor.

> c Ésta es la entrada.

> d Éste es el cuarto de baño.

> e Ésta es mi casa.

> f Éste es mi dormitorio.

> g Éste es el dormitorio de mis padres.

Escucha y comprueba.

Pronunciación y ortografía: acentos

éste/ésta and está

Escucha: **Ésta** es la habitación de Tatiana.
Tatiana **está** en la habitación.

Ahora tú: Éste es Juan. Está en la playa.
¿Ésta es tu casa? Sí. Está en Madrid.

Note where the accent is placed for *ésta* (this) and for *está* (she is).

4 **¿Dónde están? Pregunta a tu compañero/a.**

Ejemplo   A: ¿Dónde está Rosita?
B: Está en el cuarto de baño.

Raúl

Rosita

Pepe

Nicolasa

Gustavo

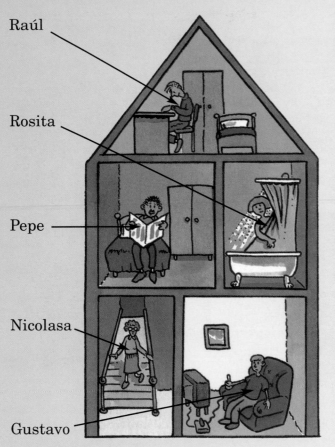

Javier

Yolanda

Alicia

Luis

Celia

C Al lado de la cocina

 **5** **Mira los dibujos y escucha.**

| al lado de | enfrente de | al final de/ al fondo de | entre |

Preposiciones de lugar

en, entre, al lado de, enfrente de al final de, al fondo de

Recuerda:

a + el = al   *de + el = del*
*Está **al** lado **del** parque.*

 6 **Jaime envía un plano de su piso, con fotos, a su amigo. Lee la carta y escribe los nombres de las habitaciones. Escribe una carta similar.**

> Querido Javier:
>
> Éste es un plano de mi nuevo piso. Tiene seis habitaciones. Entras y a la derecha está mi dormitorio. Al lado de mi dormitorio está el salón, la habitación más grande. Enfrente de mi dormitorio está el dormitorio de mis padres. Enfrente del salón está el comedor. La cocina está al fondo del pasillo a la izquierda y el cuarto de baño está a la derecha.
> Un abrazo,
> Jaime

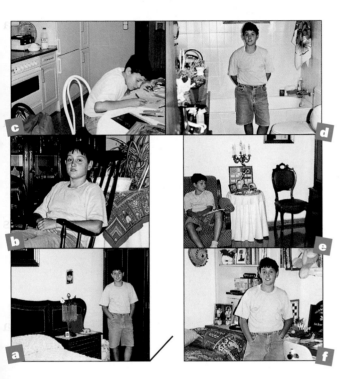

 7 **Describe tu casa o piso a tu compañero/a. Si quieres, ¡inventa!**

 8 **Dibuja *tu* casa ideal y escribe los nombres de las habitaciones.**

Gramática

1 **Prepositions and expressions of place >> p. 207**

- **en** (in/on)
  En mi casa hay un salón. – In my house there is a living room.
  El libro está en la mesa. – The book is on the table.
- **entre** (between)
  La piscina está entre el instituto y el supermercado.
  The swimming pool is between the school and the supermarket.
- **al lado de** (next to)
  El supermercado está al lado de mi casa.
  The supermarket is next to my house.

■ **enfrente de** (opposite)
*El parque está **enfrente de** la farmacia.*
The park is opposite the chemist's.

■ **al final de** (at the end of)
*El banco está **al final de** la calle.*
The bank is at the end of the street.

■ **al fondo de** (at the end of)
*Mi oficina está **al fondo del** pasillo.*
My office is at the end of the corridor.

Ejercicios

1 ¿Dónde está Luis? Mira los dibujos y escribe la preposición o expresión correspondiente.

1  Luis está .... del museo.

2  Luis está .... del cine.

3  Luis está .... de la calle.

4  Luis está .... la tienda y el restaurante.

2 Completa las frases con *al*, *del*, *a la*, *de la*.
1 El salón está .... fondo .... pasillo.
2 El hospital está .... derecha .... estación.
3 La tienda está .... lado .... bar.
4 La cocina está .... final .... casa.
5 El instituto está .... izquierda .... hospital.
6 El hotel está .... lado .... museo.

Aventura semanal

La arquitectura de Gaudí

Antoni Gaudí (1852–1926) es un famoso arquitecto de Reus. Reus está en el este de España, cerca de Barcelona. La arquitectura de Gaudí es muy original. En Barcelona hay casas y monumentos muy interesantes de Gaudí. ¿Te gusta la arquitectura? Mira las fotos.

¿Sabes?

¡Ya sabes!

Now you know how to...

A Ask about and talk about the rooms in a house or flat
¿Cómo es tu casa?
*En mi casa hay **la cocina**, **el comedor**, **el salón**, **el cuarto de baño**, **los dormitorios**.*
*Mi casa tiene **la entrada**, **el cuarto de baño**, **tres dormitorios**.*

B ■ Show people around your house
***Ésta es** mi casa; **éste es** el cuarto de baño; **ésta es** la entrada; **éste es** el comedor.*
■ Say where people are in the house
*Raúl **está** en el dormitorio; Luis **está** en la cocina.*

C Say where places are in relation to each other
***Al lado de** mi dormitorio está el salón.*
***Enfrente del** salón está el comedor.*
*La cocina está **al fondo del** pasillo.*
*Mi dormitorio está **entre** el cuarto de baño y el dormitorio de mis padres.*

Mi habitación

TOPIC FOCUS

- Describe your room
- Say where things are in your room

GRAMMAR

- Verb: *ser* (plural)
- Prepositions and expressions of location

A Tengo un armario

  ¿Qué sabes? *Do you know what these items of furniture are? Find out some more in Spanish.*

la lámpara, los pósters, las cortinas, el estéreo, la televisión, la radio

1 Lee y escucha.

¿Qué tienes en tu habitación en casa?

Tengo una cama, un armario …

Pronunciación y ortografía – acentos

Words ending in **-on** always carry an accent: **-ón.**
habitación   atención   estación

Pronuncia tú: *marrón   ratón   canción   televisión*

-on -ón

---

2 Escucha y repite.

Los muebles de mi habitación

el armario

las estanterías

la mesa

la silla

los pósters

la cama

la lámpara

la mesilla

el sillón

3 Jaime, Elena y Raúl describen sus habitaciones. ¿Qué hay?

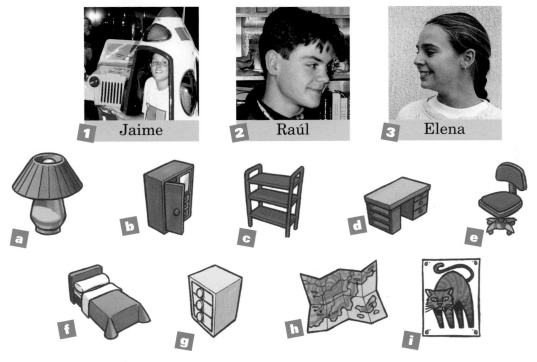

1 Jaime

2 Raúl

3 Elena

a b c d e

f g h i

4 A: Describe tu habitación a tu compañero/a.
   B: Dibuja la habitación.

¿Es correcto? Cambia.

5 ¿Qué tienes en tu habitación? Si quieres, ¡inventa!

Ejemplo *En mi habitación tengo una cama, ...*

6 **Mira las dos habitaciones. ¡Busca siete diferencias!**

Ejemplo *En la habitación de Héctor el sillón es rojo; en la habitación de Leticia es azul.*

Héctor

Leticia

es = is

son = are

*La alfombra **es** azul.*

– The carpet **is** blue.

*Las cortinas **son** azules.*

– The curtains **are** blue.

 7 **Lee la carta de Elena. Dibuja su habitación.**

¡Hola!
En mi habitación tengo una cama, un armario, una mesa para estudiar y una mesilla al lado de la cama. También hay un sillón enfrente de la cama y delante de una ventana.
Las estanterías están al lado de la puerta.
La mesilla está entre la mesa y la cama.
Tengo pósters en la pared detrás de la silla.
Un abrazo,
Elena

¡Atención!

la alfombra = rug, carpet

la moqueta = fitted carpet

las cortinas = curtains

3 ¿Dónde está el pantalón?

  ¿Qué sabes? *What can you see in the picture below?*
What other objects are there in a house?

Expresiones de lugar

delante (de) – in front (of)
detrás (de) – behind
encima (de) – above / on top (of)
debajo (de) – below

8 Mira la habitación de Tessa y escucha.

 Ejemplo *¿Dónde está el pantalón?*
El pantalón está en el suelo.

 **9 ¿Dónde están las cosas?
Habla con tu compañero/a.**

Ejemplo A: *¿Dónde está la cartera?*
B: *Está al lado del armario.*

> **¡Atención!**
> *la pared* = the wall
> *el suelo* = the floor
> *los muebles* = furniture

C Tu habitación ideal

 10 Lee el artículo sobre la casa de José Luis Rodríguez, "El Puma", el famoso cantante venezolano.

"El Puma" vive en el piso 40 de un edificio con una vista fantástica de la playa de Miami. El apartamento es enorme. Tiene siete dormitorios y siete baños y tres comedores, salones para descansar y salones para ver la televisión o escuchar música. En su casa le gusta la tranquilidad.

Contesta *Sí* o *No*.

1 "El Puma" vive en un apartamento.
2 Tiene muchos cuartos.
3 Está en la montaña.
4 Tiene tres baños y muchos comedores.
5 Le gusta ver la televisión.

 Escribe una lista de los muebles en las fotos.

 11 Juega con tu compañero/a al "Veo, veo". Usa las fotos del apartamento del Puma.

Ejemplo

A: *Veo veo.*
B: *¿Qué ves?*
A: *Una cosa que empieza por M.*
B: *Mesa.*

Usa los muebles y objetos de la clase para jugar al "Veo, veo".

 **12 Dibuja tu habitación ideal. Compara con tus compañeros/as. ¿Qué hay?**

Gramática

1 Verb *ser* (to be): plural form

Remember that you have met this verb earlier (page 68). Here is the verb in its plural form.

(ellos/ellas) **son** – they are

Las cortinas **son** *amarillas.* – The curtains **are** yellow.

2 Prepositions and expressions of position and place

- *delante (de)* = in front (of)
  *El chico está **delante** del coche.* – The boy is in front of the car.
- *detrás (de)* = behind
  *La bicicleta está **detrás** del coche.* – The bicycle is behind the car.
- *encima (de)* = above / on top (of)
  *El pastel está **encima de** la mesa.* – The cake is on the table.
- *debajo (de)* = below
  *El gato está **debajo de** la mesa.* – The cat is under the table.

Ejercicios

1 Mira los dibujos y escribe. ¿Dónde está el perro?

1 Está ………. la mesa.　　**2** Está ………. el sofá.　　**3** Está ………. la cama.

4 Está ………. el armario.　**5** Está ………. la silla.　**6** Está ………. el pájaro y el conejo.

Aventura semanal

Salvador Dalí (1904–89)

Dalí es un pintor muy famoso de Figueras en Cataluña. Sus pinturas son muy interesantes. En el museo Dalí en Figueras, hay una habitación diferente.

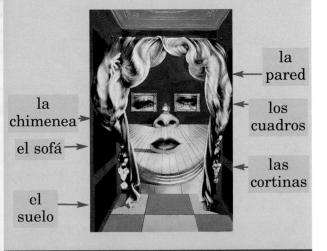

la pared

los cuadros

las cortinas

la chimenea

el sofá

el suelo

¿Sabes?

¡Ya sabes!

Now you know how to …

A Ask what your friend has in his/her room and say what you have in yours
*¿**Qué tienes** en tu habitación?*
*Tengo **una cama**, **un armario**.*
*Hay **una mesa**, **una silla** …*

B Describe where things are using expressions of location
*El pantalón está **en** el suelo.*
*La cartera está **al lado del** armario.*

C ■ Read and understand a text about an apartment
■ Practise using vocabulary of furniture: *un sillón, un sofá.*
■ Draw and compare your ideal room with friends

¿A qué hora te levantas?

TOPIC FOCUS

- Say what you do in the mornings and every day
- Talk about campsite activities and tasks
- Talk about household chores

GRAMMAR

- Reflexive verbs: *levantarse* (to get up)
- Reflexive pronouns: *me / te / se*
  me levanto / te duchas / se lava

A ¿Qué haces por las mañanas?

 ¿Qué sabes? ¿Qué haces todos los días?
Di varias actividades que haces todos los días.

---

1 Mira los dibujos. Escucha y repite. Une las palabras con los dibujos.

1 me lavo los dientes	**5** me lavo
2 me ducho	**6** me peino
3 me visto	**7** me baño
4 me despierto	**8** me levanto

 Escucha y comprueba.

2 ¿Qué haces cada mañana? Escribe las frases de Actividad A1 en orden. Compara con tu compañero/a.

Ejemplo Me levanto a las ocho, …

Escucha a Héctor y compara con tu lista. ¿Qué actividad extra dice? ¿Qué actividades no dice?

3 Ahora tú. ¿Qué haces cada día? ¡Explica a tu compañero/a con acciones!

Ejemplo
A: Di una acción: Me lavo.
B: Mima la acción.
A: Sí o No.

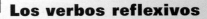

Los verbos reflexivos

levantarse = to get up
(yo) **me** *levanto*
(tú) **te** *levantas*
(él/ella) **se** *levanta*

Nota: *despertar* → *me desp**ie**rto*; *vestir* → *me v**i**sto*

4 Habla con tu compañero/a. Pregunta: ¿A qué hora te levantas? ¿Te bañas o te duchas?... Cambia.

Un día en el campamento

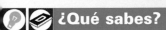 **¿Qué sabes?**   **Repasa las horas. Traduce el horario de Actividad B5 y pon los verbos en la primera persona.**

Ejemplo yo me levanto

5 Escucha a Tessa. Escribe las horas.

El horario del campamento

Actividades		
1 levantarse	7 ir de excursión	11 tomar la merienda
2 hacer gimnasia	hacer actividades	12 jugar
3 lavarse	bañarse en la piscina	cantar
4 desayunar	8 comer	escribir cartas
5 hacer las tareas del día	9 dormir la siesta	13 cenar
6 ducharse	10 hacer actividades	14 acostarse
	deportes	
	trabajos manuales	

6 Escribe frases y la hora para cada foto.

| Ejemplo | *Me lavo a las ocho y media.* |

7 Tú eres Óscar o Tessa. Habla con tus compañeros/as. ¿Qué haces en el campamento?

| Ejemplo | A: ¿Qué haces a las ocho y media de la mañana?
B: Me lavo.
A: ¿A qué hora te levantas?
B: A las ocho. |

¿Y tú? ¿Qué haces todos los días? Habla y escribe.

C Las tareas del día

 **¿Qué sabes?**

¿Qué tareas hace Óscar en el campamento cada día?
Une las frases con las fotos.
Escucha y comprueba.

a Preparo la comida.

d Limpio la tienda.

b Arreglo mis cosas.

e Lavo la ropa.

c Lavo los platos.

f Preparo la mesa.

> **¡Atención!**
> *la tarea* = duty, chore
> *acostarse* = to go to bed
> (***Me acuesto*** *a las diez.*)

---

 8 En el campamento los chicos y chicas hacen tareas en grupos.
Escucha a la monitora. Une los grupos con las tareas.

Grupo A   Grupo B   Grupo C

> **¡Atención!**
> *arreglar* = to tidy up
> *limpiar* = to clean
> *ayudar* = to help

 9 Lee la carta de Óscar a sus padres. ¿Qué grupo es: A, B o C?

Queridos padres:

Hago muchas actividades en el campamento. También cada grupo tiene tareas cada día.
Por la mañana me levanto a las ocho. Me lavo, desayuno y preparo las cosas del día.
Esta semana mi grupo limpia la tienda de actividades y también lava la ropa.

Un abrazo,

Óscar

10 ¿Y tú? ¿Ayudas en casa? ¿Lavas los platos? ¿Arreglas tus cosas? Habla con tus compañeros/as.

11 Escribe una carta a Óscar sobre tus actividades diarias y las tareas que haces para ayudar en casa.

Gramática

1 Reflexive verbs >> p. 207

Reflexive verbs use reflexive pronouns as follows:

me	myself	***me** lavo*	I wash (myself)
te	yourself	***te** duchas*	you shower (yourself)
se	himself/herself/itself	***se** viste*	he dresses (himself)

Note: *me* and *te* are the same as in *me gusta / te gusta*, but the third person is different:

le gusta   he/she likes it

se levanta   he/she gets up

Don't get confused!

Ejercicios

1 Pon los verbos reflexivos en infinitivo, en la forma correspondiente.

  1 ¿A qué hora (levantarse) tú?

  2 Yo (ducharse), pero no (bañarse).

  3 María (vestirse) para la fiesta.

  4 El niño (lavarse) los dientes muy mal.

  5 Yo (despertarse) tarde los domingos.

2 ¿Qué verbos son reflexivos (necesitan *me / te / se*)? Escribe *me / te / se* si es necesario o una *x* si no es verbo reflexivo.

  | Ejemplo | <u>Me</u> despierto

  1 .... levantas

  2 .... desayuno

  3 .... viste

  4 .... comes

  5 .... peino

  6 .... juego con mis amigos

  7 .... vas al instituto

  8 .... despierta

  9 .... estudio

  10 .... bañas

  11 .... lavo los dientes

  12 .... baila

  13 .... ducha

  14 .... ceno

Aventura semanal

Todos los días igual

Todos los días igual
Me despierto
Me levanto
Me ducho o me baño
Desayuno cereales
y para el colegio salgo.

Pero hoy es diferente
Tengo clase de Español
Hoy tenemos **aventura**
Esta clase es la mejor.

 La canción

¡Ya sabes!

Now you know how to …

A, B Ask about and talk about every-day activities and timetables
el horario
¿Qué haces por la mañana/a las ocho de la mañana?
me despierto, me levanto, me ducho, me lavo los dientes, me baño, me peino, me visto.
¿A qué hora **te levantas***?*
*¿***Te bañas** *o* **te duchas***?*

C Talk about household and campsite chores
Las tareas: arreglo mis cosas, preparo la mesa.

Diversión

1 **Elige una cosa y un lugar. Tu compañero/a dice la frase rápidamente.**

Ejemplo   A: 2d
B: El libro está debajo de la silla.

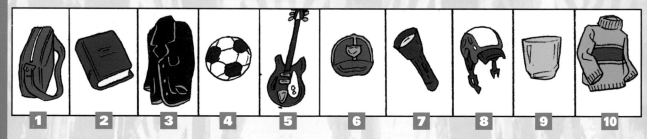

2 **Mira los dibujos de la ciudad del oeste Tejita. Encuentra las diferencias con tu compañero/a. ¡Di en voz alta las diferencias!**

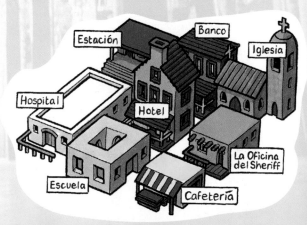

El tiempo

TOPIC FOCUS

- Talk about the weather
- Say what you do when the weather is good or bad.

GRAMMAR

- Verb: *hacer* + weather expressions
- Verbs: *llover*, *nevar*

• •

A ¿Qué tiempo hace hoy?

¿Qué sabes? | Busca en el diccionario cinco palabras relacionadas con el tiempo.

Ejemplo | *the sun = el sol*

1 Une las frases con los dibujos. Escucha y comprueba.

a Hace calor

b Hace frío.

c Hace sol.

d Hace viento.

e Hace fresco.

f Llueve.

g Nieva.

h Hay tormenta.

Pronunciación

Dos palabras difíciles:

llover: llueve
nevar: nieva
En mi ciudad llueve pero no nieva

2 ¿Qué tiempo hace hoy en el campamento?
Escucha a Óscar y marca los dibujos que menciona.

Hace frío / calor.
Llover: Llueve.
Nevar: Nieva.

 3 Mira los dibujos de Actividad A2 y habla con tu compañero/a. ¿Qué dibujo es?

¡Atención!
Hace frío. = It's cold.
Hace fresco. = It's cool/chilly.
llover = to rain
nevar = to snow
la lluvia = the rain
la nieve = the snow
el grado = degree (of temperature)

Ejemplo   A: ¿Qué tiempo hace hoy?
B: Hace sol y hace calor.
A: El número cinco.

 Ahora escribe frases.

Ejemplo   5 = Hace calor y hace sol.

 4 Hoy vas a los Pirineos. Escucha el programa y mira los mapas del tiempo. ¿Qué mapa es el de hoy? ¿Qué mapa es el de mañana?

 Habla con tu compañero/a. ¿Qué tiempo hace en los otros dos mapas? ¿Qué tiempo hace hoy en tu ciudad o pueblo?

B Las estaciones del año

 **¿Qué sabes?** Mira los dibujos y escribe o habla sobre el tiempo que hace en cada estación del año.

Primavera
21 de marzo

Verano
21 de junio

Otoño
21 de septiembre

Invierno
21 de diciembre

Ejemplo *En primavera hace buen tiempo, pero en invierno hace mal tiempo.*

5 Indica las temperaturas en el mapa de España. ¿Qué estación es?

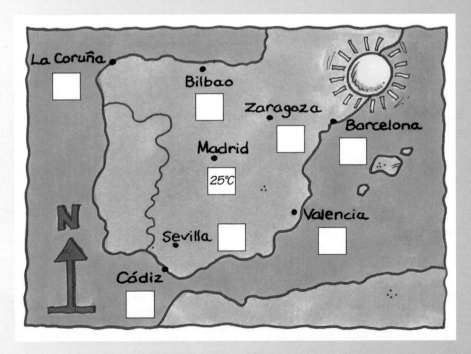

¡Atención!

Las estaciones = The seasons

la primavera = spring

el verano = summer

el otoño = autumn

el invierno = winter

Hace buen tiempo. = It's good weather.

Hace mal tiempo. = It's bad weather.

6 **Óscar escribe una carta desde el campamento a su amigo Javier. Completa la carta con las frases.**

Querido Javier:

Te escribo desde el campamento. Me gusta todo y el tiempo es fantástico. Cuando me levanto a las ocho de la mañana no hace frío pero [1] .... A mediodía [2] .... y por la tarde [3] .... y me baño en el río. Por la noche necesitamos un saco de dormir porque [4] .... , a veces la temperatura es de diez grados. A veces [5] .... muy grandes, pero no [6] .... mucho.

Un abrazo,

Óscar

a hace mucho calor

b hay tormentas

c hace fresco

d hace calor

e hace frío

f llueve

Escucha y comprueba.

7 **Habla con tus compañeros/as. ¿Qué tiempo hace en estos sitios? ¿Qué estación es? Después escribe.**

1

2

3

4

5

6

C ¿Qué haces cuando llueve?

8 Lee las postales. Une las postales con las fotos. Traduce.

a

b

c

d

1 Hace mucho calor y mucho sol. Es fantástico. Me gusta mucho la playa. Cuando hace mucho calor nado y tomo el sol.

2 Llueve mucho y hace mucho viento, pero cuando llueve vamos a muchas discotecas y cines. Es estupendo.

3 Aquí hace sol pero hace mucho frío. Voy a esquiar todos los días. Por las noches voy a las discotecas.

4 Hace fresco pero hace sol. Vamos de excursión al campo. Hay muchas flores.

9 Estudia y escucha.

¿Qué haces cuando llueve?

Cuando llueve veo la televisión en casa.

10 Escribe una postal a tu amigo/a español(a) sobre el tiempo en tu ciudad o pueblo y lo que haces.

11 Pregunta a tu compañero/a.

¿Qué haces el sábado y domingo ...   cuando llueve?
cuando hace frío?
cuando hace calor y sol?

Gramática

1 Weather

To describe the weather, use the verb *hacer*, which literally means 'to make' or 'to do'.

Hacer + expressions of weather
Hace *frío.* – It's cold.
Hace *calor.* – It's hot.
Hace *buen tiempo.* – It's good weather.
But: **Hay** *tormenta.* – There is a storm.

2 Impersonal verbs

These verbs are only conjugated in the third person 'it':
Llover (to rain)*: Llueve.* – It rains/It's raining.
Nevar (to snow)*: Nieva.* – It snows/It's snowing.

Ejercicios

1 Completa las frases.

1 Hoy .... frío y .... tormenta. .... mal tiempo.
2 En invierno .... en las montañas y esquiamos.
3 En otoño .... viento.
4 En verano .... sol y .... buen tiempo.
5 En primavera a veces .... mucho y necesitamos un paraguas.
6 Hoy .... niebla.

2 Transforma las frases.

> **Ejemplo** frío / (yo) ir a la discoteca → *Cuando hace frío voy a la discoteca.*

1 calor / (él) nadar en la piscina
2 fresco / (ella) ir de excursión
3 llover / (tú) ver la televisión
4 tormenta / (yo) no ir a la playa
5 nevar / (tú) esquiar.

Aventura semanal

El clima en algunos países hispanos

En Argentina la gente celebra la Navidad en la playa, porque es verano. En diciembre hace calor. Pero en el sur de Argentina, en Patagonia, hace mucho frío todo el año, porque está cerca de la Antártica.

En Guatemala llueve mucho entre mayo y octubre, porque es la estación de las lluvias, o el invierno, pero no hace frío, sólo más fresco. No llueve entre noviembre y abril, es la estación seca, o el verano. No hay primavera ni otoño.

En el centro de España hace mucho calor en el verano y hace frío en el invierno.

Patagonia

¿Sabes?

¡Ya sabes!

Now you know how to …

A, B Ask and talk about the weather
¿Qué tiempo hace hoy?
Hace (mucho) calor / frío / sol / viento.
Hace fresco.
Llueve / Nieva.
Hay tormenta.

C ■ Ask your friend what he/she does in different kinds of weather
¿Qué haces cuando hace calor / sol / frío?
¿Qué haces cuando llueve / nieva?
¿Qué haces cuando hay tormenta?
■ Say what you do when it's sunny.
Cuando hace calor voy a la piscina.
Cuando llueve veo la televisión.
■ The seasons of the year
***Las estaciones:** la primavera, el verano, el otoño, el invierno*

Vamos de excursión

TOPIC FOCUS

- Talk about day trips and journeys
- Talk about outdoor adventure activities
- Describe and compare places

GRAMMAR

- Verbs: present plural

A ¿Qué hacéis en la excursión?

 ¿Qué sabes? **¿Qué quieren decir estos verbos?**

salir, llegar, subir, bajar, cruzar, merendar, descansar

1 El monitor describe qué hacen en la excursión. Escucha y repite.

a

b

c

d

e

f

g

h

2 Forma frases.

Ejemplo 1 = f

1	estudiamos		a	un bocadillo
2	cruzamos		b	a la montaña
3	subimos		c	en el río
4	descansamos		d	al campamento
5	nos bañamos		e	el río
6	merendamos		f	las plantas
7	llegamos		g	del campamento
8	salimos		h	de la montaña
9	bajamos		i	en el pueblo

Escucha, comprueba y repite.

Presente plural

*nosotros/as descans**amos**,
com**emos**, sal**imos***
*vosotros/as descans**áis**,
com**éis**, sal**ís***
*ellos/ellas descans**an**, com**en**,
sal**en***

Irregular *ir:* ***vamos, vais, van***

Nota: los reflexivos necesitan
los pronombres *nos/os/se:* ***nos***
*baña**mos**, **os** bañ**áis**, **se** bañ**an***

Excursión al Mondariego

1 Salir a las ocho y media de la mañana en punto.
2 Ir a un bosque con muchos árboles y al río Ara. En el río bañarse, estudiar las plantas y comer.
3 Subir a la montaña de 1.800 metros que se llama el Mondariego.
4 Ir a Buesa, un pueblo. Descansar.
5 Bajar. Cruzar el río.
6 Llegar al campamento a las ocho y media de la tarde. La excursión dura doce horas.

¡Importante!
Llevar la comida, agua y el bañador en la mochila.

3 Lee el programa de la excursión. Indica el mapa correcto.

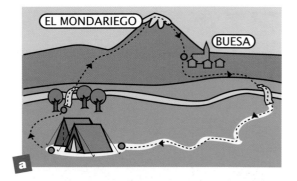

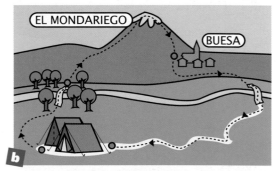

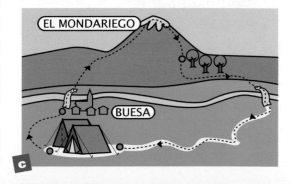

4 ¿Qué hacen los chicos y chicas en la excursión al Mondariego? Escribe.

Ejemplo *Los chicos y chicas del campamento van de excursión al Mondariego y salen a las ocho y media ...*

 5 Habla con tu compañero/a. Describe uno de los mapas de Actividad A3. Usa la forma *nosotros* o *ellos*. Tu compañero/a adivina qué mapa es.

Pronunciación
La letra **z** en España se pronuncia como '**th**' en inglés. En muchos países de Latinoamérica y en el sur de España se pronuncia como la letra **s** en inglés. Escucha. *cruzar   plaza   diez   zapato*

Ejemplo *Subimos/Suben a la montaña ...*

 6 ¿Qué hacemos en la excursión? Escribe una postal a un(a) amigo/a.

¡Hola!
Vamos de excursión
el domingo ...

 7 Une las palabras y frases de las dos listas para formar preguntas.

Ejemplo *1 = c*

Lista A
1 ¿A qué hora
2 ¿Adónde
3 ¿Dónde
4 ¿Adónde
5 ¿Qué
6 ¿A qué hora
7 ¿Qué

Lista B
a vais?
b estudiáis?
c salís de excursión?
d subís?
e hacéis en el pueblo?
f os bañáis?
g llegáis al campamento?

8 **Habla con tu compañero/a. Usa las preguntas de Actividad A7 y el programa de la excursión de Actividad A2. Haz diálogos.**

Ejemplo: A: ¿A qué hora salís de excursión?
B: Salimos a las ocho y media.

El centro de aventuras

¿Qué sabes? **Escribe seis actividades de tiempo libre en plural.**

Ejemplo   Vamos al cine.

9 **El año pasado Tessa fue a Pendarren, un centro de aventuras en Gales. Lee su carta. Indica un número para cada foto.**

Querido Raúl,

Te escribo desde Pendarren, en Gales. Es un centro de aventuras.
Estamos en una casa muy grande. Estoy con mis amigas Cloe, Sonia y Victoria (1). Esto es muy diferente del campamento en Broto. Aquí hace frío y llueve mucho. Vamos de excursión, vamos en bicicleta, jugamos al fútbol (2), escalamos en la montaña, vamos en piragua. Hay muchos animales, vacas (3), cerdos, ovejas (4).
Pendarren está cerca de la playa y de la montaña. Estudiamos las plantas de la playa (5). La comida es muy buena.

Hasta luego,

Tessa

10 Lee las frases e indica Broto (B), Pendarren(P) o los dos(B/P).

1 Hace calor y hace sol.

2 Vamos de excursión.

3 Estudiamos las plantas de la playa.

4 Dormimos en las tiendas.

5 Nos bañamos en el río.

6 Estamos en una casa.

7 Estamos cerca de la montaña.

8 Jugamos en el campo.

9 Vamos en piragua.

10 Vamos en bicicleta.

 11 Habla con tu compañero/a. Mira las fotos de Actividades A1 y de B9 y compara los dos campamentos. Estudiante A: Habla de Broto. Estudiante B: Habla de Pendarren.

Ejemplo A: *En el campamento de Broto hay tiendas.*
B: *Pendarren es una casa.*

C ¿Qué hacéis tú y tus amigos?

 12 Escucha a Inés y contesta.

¿Qué hacen ella y sus amigas los viernes?
los sábados?
los domingos?

 13 Habla con tu compañero/a. ¿Qué hacéis tú y tus amigos/as los fines de semana / todos los días?

Gramática

1 Present tense in the plural

You have met many regular verbs in the singular forms. This is how you form them in the plural.

	-ar (descansar)	*-er (comer)*	*-ir (salir)*
(nosotros/as)	descans**amos**	com**emos**	sal**imos**
(vosotros/as)	descans**áis**	com**éis**	sal**ís**
(ellos/ellas)	descans**an**	com**en**	sal**en**

Now two common irregular verbs

	ir	*ser*
(nosotros/as)	**vamos**	**somos**
(vosotros/as)	**vais**	**sois**
(ellos/ellas)	**van**	**son**

Note that, apart from *ir* and *ser*, all verbs which are irregular in the present tense are regular in the first and second person plural.

For example: *tener → tenemos; jugar → jugamos*

See pages 204 and 205 for conjugation of verbs.

Note that reflexive verbs need pronouns, as follows:

(nosotros) **nos** *bañamos – we bathe*

(vosotros) **os** *bañáis – you bathe*

(ellos) **se** *bañan – they bathe*

Ejercicios

1 Pon el equivalente en plural.

> **Ejemplo** Yo hago gimnasia. → *Nosotros hacemos gimnasia.*

1 Él desayuna cereales.
2 Tú bailas muy bien.
3 Ella no sale de casa por las noches.
4 Yo no voy al instituto los sábados.
5 Tú no estudias mucho.
6 Yo no salgo de excursión.
7 Tú duermes mucho.

2 Contesta las preguntas: *sí o no.*

> **Ejemplo** ¿Cenáis en casa? (sí) *Sí, cenamos en casa.*

1 ¿Merendáis en una cafetería? (no)
2 ¿Hacéis los deberes? (sí)
3 ¿Vais al cine? (no)
4 ¿Escribís postales? (sí)
5 ¿Dormís la siesta? (no)
6 ¿Bailáis en la discoteca? (sí)

Aventura semanal

En los Pirineos hay muchas clases de animales. Hay buitres, águilas y chovas, hay sarrios y cabras. Hay flores como el edelweis y muchos árboles como pinos, hayas y abetos.

Buitre negro

Águila real

Chova piquirroja

Sarrio

Haya

Cabra montés

Edelweiss

¿Sabes?

¡Ya sabes!

Now you know how to …

A, B ■ Ask about and describe activities on a day study trip (plural forms)
estudiamos *las plantas*
cruzamos *el río*
comemos *un bocadillo*
subimos *a la montaña*
llegamos *a casa*

■ Vocabulary linked to excursions and adventure
el río, la montaña, las plantas, el bosque
Verbos: *salir, llegar, cruzar, subir, bajar*

C ■ Talk about free-time activities (plural forms)
¿Qué hacéis?
Vamos al cine.
Vamos de excursión.

TOPIC FOCUS

- Say how you are, say what's the matter with you and what hurts you or aches
- Name different parts of the body

GRAMMAR

- Verb: *estar* + adjective
  Estoy cansado.
- Verb: *doler* + pronouns (*me*/*te*/*le*)
  Me/*Te*/*Le duele la cabeza.*

A ¿Qué tal estás?

 **¿Qué sabes?**　**Une los dibujos con las frases. ¿Qué significan?**

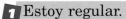 **1** Estoy regular.

2 Estoy mal.

3 Estoy bien.

---

1 Escucha y comprueba.

2 Pregunta a tus compañeros/as: ¿Qué tal estás?

3 Mira los dibujos y tapa las frases. Escucha y marca el dibujo correspondiente. Lee y estudia.

a Estoy cansado.

b Estoy triste.

c Estoy enfermo.

d Estoy enfadada.

e Estoy contenta.

f Estoy aburrida.

Yo estoy aburrido.
Tú estás cansada.
Él / Ella está triste.

Recuerda: masculino/femenino
aburrido → aburrida
triste → triste

 4 **El juego de las familias. En grupo, preparad las cartas, dibujad a todos los miembros de las familias. Juega.**

La familia aburrida	**La familia enfadada**	**La familia contenta**	**La familia triste**

Antonio Aburrido **(el padre)**	**Pepa Enfadada** **(la madre)**	**Luisito Contento** **(el hijo)**	**Juanita Triste** **(la hija)**

 5 **Une las palabras de la lista A con las frases de la lista B y forma frases.**

Ejemplo 1 = c *Estoy contento porque hoy es mi cumpleaños.*

A
1 contento
2 triste
3 aburrido
4 cansado
5 enfadado
6 enfermo

B
a mi hermano juega con mi raqueta de tenis.
b no salgo con mis amigos.
c es mi cumpleaños.
d mi amiga está enfadada conmigo.
e tengo fiebre.
f hago muchos deberes.

Usa las frases. Haz diálogos.

Ejemplo A: *¿Qué tal estás?*
B: *Estoy contento/a.*
A: *¿Por qué?*
B: *Porque hoy es mi cumpleaños.*

B Me duele la cabeza

Mira el dibujo del cuerpo. ¿Qué significan las palabras?

 6 Escucha y repite.

la cabeza

el ojo

la nariz

la boca

los dientes

la oreja/el oído

la mano

el brazo

el codo

la rodilla

la pierna

el pie

7 Mira el cuadro. Escribe todas las partes del cuerpo que ves.

¡Atención!

el cuerpo = the body
el diente = the tooth
los dientes = teeth
las manos = hands
los ojos = eyes
las orejas = ears
los oídos = inner ears
los brazos = arms
las piernas = legs
los pies = feet

 8 Escucha las instrucciones. ¡Dibuja el monstruo!

 9 A: Dibuja un monstruo y descríbelo a tu compañero/a.
B: Dibuja el monstruo. Compara.

C ¿Qué te pasa?

10 Estos chicos y chicas están muy cansados después de la excursión. Escucha lo que dicen. Estudia.

> Me duele la pierna.

> Me duele el pie.

> Me duele la cabeza.

11 ¿Qué le pasa? Escucha y pon en orden las partes del cuerpo.

a
b
c
d
e

f
g
h
i
j

Ejemplo *Me duele el brazo: 1d*

2 **El verbo doler**

¿Te duele la cabeza?
Me duele *la cabeza.* (singular)
Me duelen *los pies.* (plural)

12 Escucha a Pepe y su madre. ¿A qué dibujo corresponde cada sección del diálogo?

13 Mira los dibujos y haz diálogos con tu compañero/a.

 14 Pepe va al médico. Escucha y contesta las preguntas.

- ¿Qué le duele?
- ¿Qué le pasa?
- ¿Qué dice el médico?

 15 Haz un diálogo similar. Tu compañero/a es el médico.

Ejemplo *Médico: ¿Qué te pasa?*
Tú: Me duele(n) ...

> **¡Atención!**
> *el médico* = the doctor
> *la fiebre* = fever
> *la garganta* = the throat
> *la gripe* = the flu

Gramática

1 Verb: *estar*

We use *estar* with an adjective to express a situation that changes. Look at these two examples:

El chico es guapo. – The boy is good looking.
This does not change, so we use *ser (es)*.

El chico está cansado. – The boy is tired.
This state can change (if he sleeps, he will not be tired).

(yo) estoy	*(nosotros/as) estamos*
(tú) estás	*(vosotros/as) estáis*
(él/ella) está	*(ellos/ellas) están*

2 Verb: *doler* (to hurt) >> p. 205(6)

Me duele la cabeza. – My head aches. (Literally: 'The head hurts me'.)

Me duelen los pies. – My feet hurt. (Literally: 'The feet hurt me'.)

This verb is like '*gustar*' and uses a pronoun.

Me duele la espalda. – My back aches.

¿Te duele la cabeza? – Does your head ache?

Le duele la garganta. – His throat hurts.

Ejercicios

1 Escribe *estoy/estás/está* en los espacios.

1 Yo .... triste.

2 María .... cansada.

3 Tú .... aburrido.

4 Julio .... contento.

5 Yo .... enfadada.

6 Tú .... enfermo.

7 Ana .... contenta.

2 Completa las frases.

| Ejemplo | *Me duele*. la cabeza. |

1 .... la pierna.

2 .... los pies.

3 .... las manos.

4 .... la boca.

5 .... los dientes.

6 .... la mano.

7 .... la nariz.

8 .... el pie.

Aventura semanal

A mi burro, a mi burro
le duele la cabeza
y el médico le manda
una gorrita nueva.
Una gorrita nueva
mi burro enfermo está.

A mi burro, a mi burro
le duele la garganta
y el médico le manda
una bufanda blanca.
Una bufanda blanca
mi burro enfermo está.

 La canción

¡Ya sabes!

Now you know how to ...

A Ask how someone is and say how you are
¿Qué tal estás?
Estoy triste.

B Say the names of parts of the body
la cabeza   el ojo   el oído

C Ask what's the matter and say what hurts/aches
¿Qué te pasa? Me duele el pie/
la pierna.

Fui a la ciudad

TOPIC FOCUS
- Say where you went yesterday/at the weekend
- Talk about the past

GRAMMAR
- Past tense of verbs *ir* and *ver*

• •

A ¿Adónde fuiste?

  ¿Qué sabes?   **¿Cómo se llaman los lugares de Actividad A1?**

1 Escucha a Tessa y ordena los dibujos. Escucha otra vez, comprueba tus respuestas y repite.

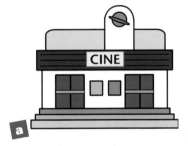
a

b

c

d

e

f

 2 Practica con tu compañero/a diálogos similares.

Ejemplo   **A:** ¿Adónde fuiste?
   B: Fui a la ciudad.

Ahora escribe frases.

Ejemplo *Fui a la ciudad.*

 3 Mira los lugares y escribe más frases.

Ejemplo *Ayer fui a la playa.*

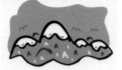

| la playa | la montaña | la discoteca | el instituto |

| el club | el supermercado | la piscina | el campamento |

 Pretérito del verbo ir

¿*Adónde **fuiste**?* = Where did you go?
Fui *a la ciudad.* = I went to the town.
*Tessa **fue*** *a la ciudad ayer.* = Tessa went to the town yesterday.

 Escucha, comprueba y repite.

Pronunciación

Escucha: *fui, fue*
¡Cuidado! No llevan acento.

 4 ¿Adónde fuiste ayer?
Une a cada chico/a con
el lugar.

Ana Pepi Charo Mercedes Pedro David

 5 **Encuesta en la clase. Habla con tus compañeros/as.**

Pregunta: ¿Adónde fuiste el fin de semana? ¿Qué lugar es el
más popular?

¿Qué viste?

¿Qué sabes? ¿Recuerdas los tipos de películas? Mira los dibujos de
Actividad 6 y di/escribe frases.

'Vi' means 'I saw' or 'I watched'.

Ejemplo *Ayer vi una película de aventuras.*

 **6** **Escucha y pon en orden las películas.**

Ejemplo *Vi una película de aventuras, 1a.*

7 Practica con tu compañero/a:

A: ¿Qué película viste?

B: Vi una película de terror, se llama 'El grito'.

2 El verbo ver

¿**Viste** (tú) la película? = Did you see the film?

Yo no **vi** la película. = I didn't see the film.

Luis **vio** la película = Luis saw the film.

 8 Escucha y lee. ¿Qué dicen?

¿Qué película viste?

¿Adónde fuiste el fin de semana?

Fui al cine.

Vi una película de aventuras.

Y tú, ¿adónde fuiste?

Fui al fútbol.

¿Qué partido viste?

Vi el Barcelona–Real Madrid.

 9 Habla con tu compañero/a. Haz diálogos similares.

C ¿Quién fue al museo?

 **¿Qué sabes?** **¿Hay un museo en tu ciudad? ¿Qué hay en un museo de la ciudad?**

10 Escucha y di quién fue al museo.

Ejemplo: Tessa fue al museo.

Omar …
Susana …
Cristian …
Jaime …

 Después escucha el diálogo completo entre Rosa y Jaime y termina las frases.

El museo es …
En el museo hay …

11 El guía explica a los chicos y chicas lo que hay en el museo. Mira las fotos y ponlas en el orden en que las menciona el guía.

> **¡Atención!**
> *la puerta* = the door
> *antiguo/a* = old/ancient
> *típica* = typical
> *mujeres aragonesas* = women from Aragon

 12 Escribe una carta sobre la visita a la ciudad: ¿Adónde fuiste? ¿Qué viste?

Querida amiga:
El fin de semana fui a la ciudad. Fui al museo y vi ropa antigua . . .

Gramática

1 The past tense (*ir* and *ver*)

You already know how to talk and write about present and future events in Spanish. Now you have also met two very useful verbs to talk about things you did in the past, for example, yesterday or last weekend:
*Ayer **fui** al cine y **vi** una película muy buena* – yesterday I went to the cinema and I saw a very good film.

The past tense of the verb *ir* is conjugated as follows:
*(yo) **fui** al cine.* – I went to the cinema.
*(tú) **fuiste** al teatro.* – You went to the theatre.
*(él / ella) **fue** a la discoteca.* – He/She went to the disco.

2 Verb: *ver*

*(yo) **vi** a María.* – I saw María.
*(tú) **viste** el monumento.* – You saw the monument.
*(él / ella) **vio** la película.* – He/She saw the film.

Ejercicios

1 Escribe la forma correcta del verbo.

Ana: Ayer yo (ir) ¹ .... al cine y (ver) ² .... una película de aventuras.
   ¿Y tú, (ir) ³ .... al cine?
José: Yo (ir) ⁴ .... al fútbol.
Ana: ¿Y qué partido (ver) ⁵ .... ?
José: (Ver) ⁶ .... el Barcelona–Valencia.
Ana: ¿Y tu hermano (ir) ⁷ .... al fútbol también?
José: No, mi hermano (ir) ⁸ .... al rugby y (ver) ⁹ .... un partido muy interesante.

Aventura semanal

Barcelona es una ciudad muy grande y famosa que está en el noreste de España, en Cataluña. Está en la costa y tiene playas muy bonitas. También tiene muchos monumentos y lugares interesantes. La ciudad es famosa porque en 1992 se celebraron allí los Juegos Olímpicos.

¿Sabes?

¡Ya sabes! ◎

Now you know how to ...

A Ask where someone went and say where you went
¿Adónde fuiste? ¿Adónde fue Tessa? Fui a la ciudad. Tessa fue a la piscina.

B, C ...and what you saw
¿Qué viste? (yo) vi el partido, (tú) viste una película.

Las fiestas

A ¡Vamos a la fiesta!

¿Qué sabes? Di las actividades que hay en las fiestas. ¿Qué actividades te gustan / no te gustan?

1 Hay fiesta en el pueblo. ¿Qué actividades hay? Mira las fotos (páginas 195–6), lee y explica en tu idioma qué es cada actividad. Si no sabes alguna mira *¡Atención!* en la página siguiente.

2 Óscar dice qué actividades hay en las fiestas. Mira las fotos e indica el orden.

3 Escucha a Óscar. ¿Qué actividades le gustan? ¿Qué actividades no le gustan?

4 ¿Y tú? Habla con tu compañero/a.

Ejemplo *Me gusta la verbena pero no me gustan las carreras.*

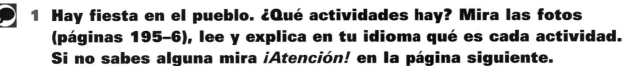

1 la verbena

2 las carreras

3 los cabezudos

4 los gigantes

las cucañas y los juegos para los chicos y las chicas **5**

6 los fuegos artificiales

las canciones tradicionales **7**

8 el baile tradicional

9 las carreras ciclistas

los churros **10**

las ferias **11**

12 el teatro infantil

la charanga **13**

¡Atención!

La fiesta

la verbena = open-air festival dance

los gigantes y los cabezudos = traditional street-procession figures – giants and figures with large heads

las carreras = races

los fuegos artificiales = fireworks

las cucañas = children's festival games

las ferias = fairs

la charanga = brass band that moves around the streets during the fiesta

3 ¿Adónde van?

 5 Lee el programa de fiestas.

Hora	
1 *8:00*	**Charanga** por las calles de la ciudad.
2	**Carrera Popular** en la Avenida San Sebastián; 10km.
3	**Ciclismo** en el Paseo de la Constitución.
4	**Gigantes y Cabezudos** en la Plaza del Pilar.
5	**Cucañas** en el parque grande.
6	**Teatro Infantil** en el Teatro Principal con la actuación del grupo 'Tres Tristes Tigres'.
7	**Baile Tradicional** en el Teatro Principal.
8	**Fuegos Artificiales** en la Plaza de San Francisco.
9	**Verbena** en el Paseo de la Independencia con la actuación del grupo Estopa.

 Escucha el programa de radio. Escribe las horas.

  6 Escucha y lee.

1 Tessa, ¿quieres ir a bailar a la verbena?

2 Sí. ¿A qué hora es?

3 A las once.

4 Vale. Hasta luego.

 Invita a tu compañero/a a la fiesta. Cambia.

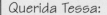 **7 Lee la postal de Elena a Tessa.**

Querida Tessa:

¡Son las fiestas de Zaragoza! ¡Son estupendas!
Hay muchas cosas divertidas para todos. Me gustan
los cabezudos y la verbena. Te mando un programa y
unas fotos. En una foto llevo el traje regional para
la procesión. Pero para el baile y las cucañas
llevo vaqueros.

Un abrazo,

Elena

¿Qué foto corresponde a cada frase?
Escribe la frase y el número de la foto.

 8 Escucha a Inés. Tu amigo/a no habla
español. Explícale en tu idioma lo que
hacen Inés y sus amigos en las fiestas.

9 Las cucañas son juegos que hay en las fiestas de los pueblos y
en los cumpleaños. Mira las fotos.

¿Hay fiestas y juegos similares en tu país? ¿Qué juegos y
actividades hacéis en las fiestas de cumpleaños? Habla con tu
compañero/a.

Ejemplo *Salimos por la noche, bailamos …*

10 Escribe una postal a Elena sobre las fiestas y juegos de tu país.
Si quieres, ¡inventa!

Gramática

Ejercicio de repaso

1 **Contesta las preguntas con frases completas.**

1 ¿Qué ropa vas a llevar a la fiesta? (camiseta y pantalones vaqueros)
2 ¿Quieres ir al cine conmigo? (Sí)
3 ¿Te gustan las películas del oeste? (No)
4 ¿Qué va a comprar Luis para el campamento? (una mochila)
5 ¿Dónde estás? (en casa)
6 ¿Vais a ir de vacaciones? (No)
7 ¿Dónde está la piscina? (cerca)
8 ¿Qué te gusta hacer? (bailar)
9 ¿Qué hacéis por la tarde? (los deberes)
10 ¿Qué tal estás? (mal)
11 ¿Qué te duele? (los ojos)
12 ¿Adónde fuiste de vacaciones? (a la montaña)

Aventura semanal

Las fiestas de Puerto Rico

Puerto Rico es el país de origen de la música salsa. Las maracas y el güiro son instrumentos típicos. En julio se celebra un brillante carnaval en Loiza, en la costa este, de origen africano. El traje tradicional de Puerto Rico es blanco y de muchos colores. Mira las fotos.

cantantes en traje regional

el güiro

trajes de fiesta

las maracas

¿Sabes?

¡Ya sabes!

Now you know how to ...

A, B ■ Talk about festivals:
Vamos a la fiesta.
Me gusta ver los fuegos artificiales.
¿Qué hay? Hay ciclismo.
¿Dónde está? La primera a la izquierda.
No me gustan las cucañas.
¿Quieres ir a bailar? Vale.
■ **Vocabulario de la fiesta**

la verbena, la charanga, los gigantes y los cabezudos, los fuegos artificiales, las cucañas, las ferias, las carreras, el teatro infantil

Diversión

Un chiste ...

Usa un dado y fichas .

Mapa del mundo hispano

OCÉANO
ÁRTICO

OCÉANO
ATLÁNTICO

Cuba   España

República
Dominicana

los Estados Unidos

México   Puerto Rico

Guatemala   Panamá

El Salvador   Venezuela

Honduras

Nicaragua   Colombia

Costa Rica

Ecuador   Bolivia

Perú   Paraguay

          Uruguay

Chile   Argentina

OCÉANO
PACÍFICO

INSTRUCTIONS FOR TASKS AND CLASSROOM LANGUAGE

You will see these phrases:

Adopta una personalidad	*Adopt a character*
Ahora tú	*Now you*
Busca	*Look for / Find*
¿Cómo se escribe?	*How is it spelt?*
Compara	*Compare*
Completa el diálogo	*Complete the dialogue*
Comprueba	*Check*
Contesta la carta	*Reply to the letter*
Describe	*Describe*
Dibuja	*Draw*
Dicta	*Dictate*
Elige la palabra correcta	*Choose the correct word*
Encuesta en clase	*Class survey*
Escribe una lista	*Write a list*
Escucha y ordena las frases	*Listen and put the sentences in the right order*
Escucha y repite	*Listen and repeat*
Estudia	*Study*
Habla con tu compañero/a	*Talk to your partner*
Haz diálogos	*Make dialogues*
Indica	*Indicate*
Lee y ordena	*Read and put in the right order*
Mira los dibujos	*Look at the pictures*
Ordena las frases	*Put the sentences in the right order*
Practica el diálogo	*Practise the dialogue*
Pregunta a tu compañero/a	*Ask your partner*
Prepara	*Prepare*
¿Qué dicen?	*What do they say?*
¿Qué ___ falta?	*Which ___ is missing?*
¿Reconoces los nombres?	*Do you recognise the names?*
¿Recuerdas...?	*Do you remember...?*
Repite	*Repeat*
Señala	*Indicate*
Une las palabras con los objetos	*Match the words with the objects*
Usa	*Use*

Here are some of the instructions you might hear from your teacher:

Abre (Abrid) el libro	*Open your book(s)*
Busca (Buscad)	*Look for / Find*
Cierra (Cerrad) el libro	*Close your book(s)*
Coge el bolígrafo	*Pick up your pen*
Dime (Decidme)	*Tell me*

Empieza (Empezad)	*Begin*
En casa	*At home*
En silencio	*In silence*
Escucha (Escuchad)	*Listen*
Espera (Esperad)	*Wait*
Está bien	*It's right*
Habla (Hablad) en español	*Speak in Spanish*
¿Has (Habéis) terminado?	*Have you finished?*
Haz (Haced)	*Do*
Levántate / Levantaos	*Stand up (person / group)*
Mira (Mirad)	*Look*
Muy bien	*Very good*
No está bien	*It's not right*
No mires (miréis)	*Don't look*
Otra vez	*(Try) again*
Por favor	*Please*
¿Qué dice / dicen?	*What is he / she saying? / What are they saying?*
¿Sabes…(Sabéis…)?	*Do you know…?*
Siéntate / Sentaos	*Sit down (person / group)*
Silencio	*Silence*
Termina / Terminad	*Stop*
Trabajad en pares / grupos	*Work in pairs / groups*
Voy a pasar lista	*I'm going to call the register*
¿Ya está?	*Is it ready?*

Here are some things you might want to say:

Can you repeat that please?	*Repite (Repita) por favor*
How do you say "cat" in Spanish?	*¿Cómo se dice "cat" en español?*
How do you spell it?	*¿Cómo se escribe?*
I'm sorry I'm late	*Siento llegar tarde*
I don't have a pen	*No tengo bolígrafo*
I don't understand	*No entiendo / No comprendo*
My turn	*Me toca a mí*
Just a moment please	*Un momento, por favor*
Slower please	*Más despacio, por favor.*
Your turn	*Te toca / Ahora tú*

VERBOS   VERBS

Verbs usually describe an action or an activity, such as *to eat*, *to write*, or *to live* in English. Verbs have tenses and persons:

The tense of a verb shows when something is done: present, past, future.

The person shows who is doing it. It can be one person (singular) or more than one (plural) and is shown by words like: *I, you, he, she, we, you, they*, which in Spanish are: yo, tú, él, ella, nosotros/as, vosotros/as, ellos/as. In Spanish the different endings of the verb tell you who is doing the action: **como = I eat**; **comes = you eat**, etc. so the words for *I, you, he/she*, etc., are not used very much in general speech.

In the dictionary, you will find the infinitive form of the verb. For example: **cenar = *to have dinner***; **comer = *to eat***; **vivir = *to live***. All Spanish verbs end in **–ar**, **–er** or **–ir** in the infinitve. The first part of the verb is called the stem. For example, the verb **cenar** (*to have dinner*) is an **–ar** type verb and its stem is **cen–**.

The Present Tense

This tense is used to say what you do or what you are doing.

Regular verbs

Cenar, **comer** and **vivir** are *regular* verbs and have an easy-to-learn pattern. Notice the differences and similarities (underlined) between these verbs.

–ar: cenar *to have dinner / supper*

(yo)	cen**o**
(tú)	cen**as**
(él/ella/usted)	cen**a**
(nosotros/as)	cen**amos**
(vosotros/as)	cen**áis**
(ellos/ellas/ustedes)	cen**an**

–er: comer *to eat*

(yo)	com**o**
(tú)	com**es**
(él/ella/usted)	com**e**
(nosotros/as)	com**emos**
(vosotros/as)	com**éis**
(ellos/ellas/ustedes)	com**en**

–ir: vivir *to live*

(yo)	viv**o**
(tú)	viv**es**
(él/ella/usted)	viv**e**
(nosotros/as)	viv**imos**
(vosotros/as)	viv**ís**
(ellos/ellas/ustedes)	viv**en**

Irregular verbs

Many Spanish verbs are irregular. Some have only a few changes and follow a pattern, some are completely different. Here are some different types of irregular verbs with examples:

1   **Radical-changing verbs**

In these verbs, *the vowel (e, i, o, u) in the stem* changes, except in the **we** and **you** plural forms.

e = ie **querer** *to want*:	o = ue **dormir** *to sleep*:	u = ue **jugar** *to play*:
qu**ie**ro	d**ue**rmo	j**ue**go
qu**ie**res	d**ue**rmes	j**ue**gas
qu**ie**re	d**ue**rme	j**ue**ga
queremos	dormimos	jugamos
queréis	dormís	jugáis
qu**ie**ren	d**ue**rmen	j**ue**gan

2   **Verbs that add the letter g in the *I* form:**

hacer *to do / to make*:	salir *to go out, to leave*:
ha**go**	sal**go**
haces	sales
hace	sale
hacemos	salimos
hacéis	salís
hacen	salen

3   **Verbs which are a mixture of 1 and 2:**

tener *to have*:
ten**go**
t**ie**nes
t**ie**ne
tenemos
tenéis
t**ie**nen

4   **Verbs which add y in the first person:**

estar *to be*:	dar *to give*:
esto**y**	do**y**
estás	das
está	da
estamos	damos
estáis	dais
están	dan

5 **Verbs which are irregular in all persons:**

ir *to go*:	**ser** *to be*:
voy	soy
vas	eres
va	es
vamos	somos
vais	sois
van	son

Negatives

To say you don't do something, or you don't want or like something just put **no** in front of the verb:

No como carne
I don't eat meat
No quiero café / **no** me gusta el café
I don't want coffee / I don't like coffee

Special verbs and verb constructions (different from English)

1 **Llamarse**

llamarse means *to be called*. In Spanish we use this verb to say our names. It's formed with the verb **llamar** and the pronoun: **me**, **te** or **se**.

me llamo	*I am called / my name is*
te llamas	*you are called / your name is*
se llama	*s/he is called / her, his name is*

2 **Tener**

This verb usually means *to have*:

Tengo un bolígrafo   *I have a pen*

But it is also used to say how old someone is, so while in English you say *I am 12*, in Spanish you say *I have 12 years*.

Tengo doce años
I am twelve years old (Literally: I have twelve years)

3 **Hay**

This verb is used for *there is / there are* and it doesn't change: hay una clase / hay clases

4 **Hacer**

In English you use the verb *to be* to talk about the weather, in Spanish we use 'hacer'.

Hace frío   *It's cold*

5 **The verb gustar is used to say we like or don't like something. But it works in a different way. In Spanish, instead of saying *I like something*, we say *something pleases me*.**

Me gusta el chocolate
I like chocolate (Literally: Chocolate pleases me)
Le gusta el chocolate
He/She likes chocolate
¿**Te gusta** el chocolate?
Do you like chocolate?

When we say we like two or more things we use **gustan** because the things we like are in the plural. **Gustan** is the form 'they' from the verb.

Me gustan las películas románticas
I like romantic films (Literally: Romantic films please me.)

6 **There are other verbs which work like gustar:**

doler
to hurt
Me duele la cabeza
My head aches (Literally: My head hurts me)

interesar	*to interest*
Me interesan las novelas	*Novels interest me*

7 **Ser and estar**

Spanish has two verbs which mean *to be*: **ser** and **estar**. We use **ser** to talk about the following:

Nationality:	**Soy** español	*I'm Spanish*
Appearance:	**Eres** alto	*You are tall*
Personality:	**Es** aburrido	*He is boring*

We use estar for the following:

a) to talk about where someone or something is:
Estoy en la playa   *I am on the beach*

b) to say how someone feels:
Está cansado   *He's tired*

The Future

To talk about the future we use the verb ir + a + the infinitive form.

Voy a visitar Madrid mañana
I'm going to visit Madrid tomorrow

The Past

You now know two verbs in the past:

ir:	**fui**	*I went*
	¿Adónde **fuiste**?	*Where did you go?*
ver:	**vi**	*I saw*

NOMBRES   NOUNS

Nouns are words you use to name things like objects or people (**chico** (*boy*), **libro** (*book*), etc). In Spanish they are either masculine or feminine.

1 **Most masculine nouns end in –o and most feminine nouns end in –a.**

bolígraf**o**	*pen*
regl**a**	*ruler*

Note: There are some exceptions to this rule:

dí**a**	*day* (masculine)
man**o**	*hand* (feminine)

There are lots of other nouns that finish in different letters and these you will have to learn. For example:

clase (f)	*class*
rotulador (m)	*felt-tip pen*

2 **Some nouns have masculine and feminine forms of the same word: Some change the –o to –a, some (those ending in a consonant) add an –a. Some stay the same.**

–o > –a	chic**o** – *boy*	chic**a** – *girl*
–r > –ra	profeso**r** – *teacher* (*m*)	profeso**ra** – *teacher* (*f*)
–n > na	Juan	*Juana*

3 **Nouns ending in –e are the same in masculine and feminine: estudiante – *student* (male or female)**

PLURAL   PLURAL

If we want to talk about more than one thing we use the plural.

1 **Add –s if the noun ends in –o, –a, or –e:** chico > chico**s**

2 **Add –es if the noun ends in a consonant (–r, –d, –l, –n, etc.) rotulador > rotulador**es**

*(Remember some lose their accent: inglés > ingleses, sillón > sillones)

EL ARTÍCULO DEFINIDO   THE DEFINITE ARTICLE

The definite article is *the* in English and has four forms in Spanish: **el**, **la**, **los**, **las** to agree with their noun.

	Singular	Plural
Masculine	el chico ***the*** *boy*	los chicos ***the*** *boys*
Feminine	la chica ***the*** *girl*	las chicas ***the*** *girls*

EL ARTÍCULO INDEFINIDO   THE INDEFINITE ARTICLE

The indefinite article is *a*/*an* or *some* in English.

	Singular	Plural
Masculine	**un** rotulador ***a*** *pen*	**unos** rotuladores ***some*** *pens*
Feminine	**una** regla ***a*** *ruler*	**unas** reglas ***some*** *rulers*

ADJETIVOS   ADJECTIVES

We use adjectives to describe what something or someone is like. These are words like **bueno** (*good*) or **simpático** (*nice*). We usually put Spanish adjectives after the noun:
  una chica **simpática**

Adjectives change with the noun. This means that if the noun is feminine, the adjective is also feminine.
  La chic**a** es simpátic**a**   *the girl is nice*

Adjectives which do *not* end in **–o** or **–a** do not change their form to agree with the noun*.

un gat**o** grand**e**	*a big male cat*
una gat**a** grand**e**	*a big female cat*
un bolígrafo **azul**	*a blue pen*
una carter**a** **azul**	*a blue school bag*

*except nationalities: un chico español > una chica español**a**

If the noun is in the plural form, the adjective is also in the plural form, and still agrees with the noun:

Los chicos son simpátic**os**	*the boys are nice*
Las chicas son simpátic**as**	*the girls are nice*

Adjectives ending in consonants only change their form to agree with the noun in the plural.

una cartera **azul**	*a blue school bag*
unas carteras **azules**	*some blue school bags*

ADJETIVOS POSESIVOS   POSSESSIVE ADJECTIVES

Possessive adjectives tell us who something belongs to. They appear before the noun. They are singular or plural depending on the object you own, not the person who owns it.

Singular	mi libro ***my*** *book*	tu libro ***your*** *book*	su libro ***his/her*** *book*
Plural	mis libros ***my*** *books*	tus libros ***your*** *books*	sus libros ***their*** *books*

Subject pronouns

These are words like *I*, *you*, *he/she* in English.

yo	*I*
tú	*you*
él	*he*
ella	*she*
usted	*you (polite)*
nosotros(as)	*we*
vosotros(as)	*you*
ellos/as	*they*
ustedes	*you (polite)*

In normal conversation **yo**, **tú** etc. are not used except for emphasis.

Object pronouns (indirect)

These are words like *me*, *you*, *him*, *her* in English.

me	*me*
te	*you*
le	*him/her/it*
nos	*us*
os	*you*
les	*them*

Me duele la cabeza
*My head aches (My head hurts **me**)*
Le gusta la playa
*He likes the beach (The beach pleases **him**)*

Reflexive pronouns

These are used with reflexive verbs like **levantarse** (*to get up*).

me	*myself*
te	*yourself*
se	*himself/herself/itself*
nos	*ourselves*
os	*yourselves*
se	*themselves*

Me lavo   *I get washed (Literally: I wash **myself**)*

These are the words *this* and *these* in English.
We use them before a noun with no accent (as adjectives).

	Singular	Plural
Masculine	este gato **this** cat	estos bolígrafos **these** pens
Feminine	esta calculadora **this** calculator	estas sillas **these** chairs

They can also be used on their own as a pronoun, meaning *this one*, *these ones*, with an accent.

	Singular	Plural
Masculine	Quiero éste *I want this one*	Quiero ésta *I want this one*
Feminine	Quiero éstos *I want these ones*	Quiero éstas *I want these ones*

If you are talking about *this* in general, use **esto**, with no accent.

Quiero **esto**   *I want this*

- In Spanish we write an additional upside-down question mark at the beginning of the question.
- In the last part of a Spanish question your voice goes up.
- You can ask questions by adding question marks to a normal sentence:
  ¿Javier es de México?   *Is Javier from México?*
- Or by putting the verb at the beginning:
  ¿Es Javier de México?   *Is Javier from México?*

These are words we use to start questions, like *What? How? When?* in English. Note that they all have accents.

¿Qué?	*What?*
¿Dónde?	*Where?*
¿Adónde?	*Where (to)?*
¿Cuándo?	*When?*
¿Cómo?	*What/How?*
¿Cuánto/a/os/as?	*How much/many?*

Prepositions are little words like *at*, *to*, *in*, *on*, in English, which are used in many different ways.

a	*at, to*
de	*about, from, of*
con	*with*
desde	*from, since*
en	*in, on, at*
entre	*between*
hacia	*towards*
hasta	*until*
para	*for, in order to*
por	*for*
sin	*without*

Here are some examples of the most important prepositions:

Voy **a** la playa **a** las diez
*I'm going **to** the beach **at** ten*

El amigo **de** Isabel es **de** Barcelona
*Isabel's friend is **from** Barcelona*

Voy a la piscina **con** mis amigos
*I'm going to the pool **with** my friends*

Quiero agua **sin** gas
*I'd like water **without** fizz (still water)*

Hay 600 kms **desde** Madrid **a** Barcelona
*It's 600 kms **from** Madrid **to** Barcelona*

Estoy **en** la playa
*I'm **at/on** the beach*

El jersey está **en** el armario
*The sweater is **in** the wardrobe*

Zaragoza está **entre** Madrid y Barcelona
*Zaragoza is **between** Madrid and Barcelona*

El regalo es **para** mi madre
*The gift is **for** my mother*

Estudio **por** la mañana
*I study **in** the morning*

CONTRACCIONES   CONTRACTIONS

There are only 2 cases in Spanish where two words merge together into one:

When **a** is followed by **el** we write and say it as **al**: Voy **al** cine.

We do the same with **de** + **el**: El libro **del** profesor

CONJUNCIONES   CONJUNCTIONS

These are words such as: **y** (*and*), **o** (*or*), **porque** (*because*), **pero** (*but*) and are very important as they link two words or two sentences together:

Estudio Español **y** Francés **porque** me gustan mucho los idiomas.
I study Spanish and French because I like languages a lot.

Quiero esta camiseta, **pero** no tengo dinero.
I'd like this T-shirt, but I don't have any money.

ADVERBIOS   ADVERBS

These are very important words that appear very often in sentences. They affect the meaning of the words and sentences they go with.

1 **To talk about time:** hoy – *today*, mañana – *tomorrow*, ayer – *yesterday*

2 **To say where something or somewhere is:** cerca – *near*, lejos – *a long way*

3 **To say how you are:** bien – *well*, mal – *not well*, regular – *OK*

4 **To say** *yes* **and** *no*: sí, no

5 **Words that mean** *a lot, very, little* etc: mucho, muy, poco

A

	a	at; to
un	abrazo	love from (letter)
el	abrigo	overcoat
	abril	April
la	abuela	grandmother
el	abuelo	grandfather
	aburrido(a)	bored, boring
	acostarse	to go to bed
	adiós	goodbye
	adivinar	to guess
	¿adónde?	where (to)?
el	agua	water (f)
	ahora	now
la	alfombra	carpet
	alto(a)	high, tall
	amarillo(a)	yellow
la	amiga	friend (f)
el	amigo	friend (m)
el	año	year
	aquí	here
	aprender	to learn
el	árbol	tree
el	armario	wardrobe, cupboard
	arreglar	to tidy up
la	asignatura	school subject
el	atletismo	athletics
la	avenida	avenue
	ayudar	to help
	azul	blue

B

	bailar	to dance
el	baile	dancing
	bajar	to go down, descend
el	bajo	bass (musical instrument)
	bajo(a)	short
el	baloncesto	basketball
el	balonmano	handball
el	banco	bank
la	bandera	flag
el	bañador	swimming costume / trunks
	bañarse	to have a bath, bathe
el	baño	bath / bathroom
la	batería	drums
el	batido	milkshake
	beber	to drink
la	bebida	drink
la	biblioteca	library
	bien	good; well
el	bigote	moustache
el	billete	note (money); ticket (transport)
	blanco(a)	white
la	blusa	blouse
la	boca	mouth
el	bocadillo	sandwich (with crusty bread)
el	bolígrafo	ballpoint pen
la	bolsa	bag
	bonito(a)	pretty
la	bota	boot
la	braga	knickers
el	brazo	arm

el	bronceador	suntan lotion
la	bruja	witch
	bueno	good, OK
la	bufanda	scarf

C

el	caballo	horse
la	cabeza	head
el	calcetín	sock
la	calle	street
el	calor	heat
	hace calor	it's hot
los	calzoncillos	underpants
la	cama	bed
	cambiar	to change, exchange
la	camisa	shirt
la	camiseta	T-shirt; vest
el	campamento	campsite; summer camp
el	campo	countryside; field
la	canción	song
	cansado(a)	tired
el/la	cantante	singer (m / f)
	cantar	to sing
la	cantimplora	flask
la	carne	meat
la	carrera	race
la	carta	letter
las	cartas	playing cards
la	cartera	school bag
la	casa	house; home
en	casa	at home
la	cena	dinner; supper
	cenar	to have dinner / supper
el	cepillo de dientes	toothbrush
	cerca (de)	near (to)
el	cerdo	pig; pork
la	ciudad	city; large town
el	coche	car
la	cocina	kitchen; cooker
el	codo	elbow
el	comedor	dining room
	comer	to eat
la	comida	food; meal
	como	like, similar to
	¿cómo?	how? what?
	¿cómo es?	what's it like?
	cómodo(a)	comfortable
	comprar	to buy
	con	with
el	conejo	rabbit
	conmigo	with me
	contento(a)	happy
	contigo	with you
la	copa	glass (for drinking)
la	cosa	thing
el	cuaderno	exercise book
el	cuadro	grid, chart; picture
de	cuadros	check pattern
	¿cuál?	which?
	cuando/¿cuándo?	when / when?
	¿cuánto(a)?	how much?
	¿cuántos(as)?	how many?
el	cuarto	room
el	cuarto de baño	bathroom
el	cuerpo	body
el	cumpleaños	birthday

CH

el	chándal	tracksuit
la	chaqueta	jacket
el	chico/la chica	boy / girl

D

	de	about; from; of
	debajo (de)	below; underneath
los	deberes	homework
	decir	to say, tell
	delante (de)	in front (of)
	delgado(a)	slim, thin
la	dependienta	shop assistant (f)
el	dependiente	shop assistant (m)
el	deporte	sport
la	derecha	right (direction)
	desayunar	to have breakfast
el	desayuno	breakfast
	desde	from; since
el	desfile	street procession
	despacio	slow(ly)
	despertarse	to wake up
	después	afterwards; then
	detrás (de)	behind
el	día/todos los días	day / every day
	dibujar	to draw
el	dibujo	art (subject); drawing, picture
los	dibujos animados	cartoons
el	diente	tooth
el	dinero	money
la	dirección	address
el	disfraz	disguise, fancy dress
	divertido(a)	enjoyable, fun
el	dolor (de cabeza)	hurt, pain (headache)
	doler	to hurt
	me duele el brazo	my arm hurts
el	domingo	Sunday
	donde/¿dónde?	where / where?
	dormir	to sleep
el	dormitorio	bedroom
	durante	for (time)
	durar	to last
la	ducha	shower
	ducharse	to shower

E

la	edad	age
el	edificio	building
la	Educación física	physical education
	el/él	the (m) / he, it (m)
	ella	she, it (f)
	ellos/ellas	they (m / f)
	en	in; on; at
	encima (de)	on top (of)
	enero	January
	enfadado(a)	angry
	enfermo(a)	ill
	enfrente (de)	opposite
la	ensalada	salad
la	entrada	entrance; hallway; entrance ticket

entrar *to enter*
entre *amongst; between*
el equipo *equipment; team*
la escalera *stairs*
la estantería *shelf*
estar *to be (location / state)*
éste/ésta/esto *this (m / f)*
éstos(as) *these*
el estuche *pencil case*
estupendo(a) *great, wonderful*
el extranjero *abroad, overseas*

F

la fábrica *factory*
la falda *skirt*
la farmacia *chemist shop*
la fecha *date*
feliz *happy*
feo(a) *ugly*
la feria *funfair*
la fiesta *festival; party*
el fin/el final *end (film) / end (event)*
al final (de) *at the end (of)*
la ficha *form, card*
la flor *flower*
el fondo *bottom*
al fondo (de) *at the bottom (of)*
el fregadero *sink*
la fresa *strawberry*
(hace) fresco *(it's) cool*
frío(a) *cold*
fuerte *strong*
el futbolín *table football*

G

las gafas *glasses*
la galleta *biscuit*
la garganta *throat*
la gaseosa *fizzy drink*
el gato *cat*
la gente *people*
la goma *eraser; rubber*
gordo(a) *fat*
la gorra *cap, hat*
el gorro *hat*
gracias *thank you*
grande *big*
gris *grey*
el grupo *group*
guapo(a) *good-looking / beautiful*
la guerra *war*
gustar *to please, like*
me gusta (la leche) *I like (milk)*

H

la habitación *room*
hablar *to speak*
hacer *to do, make*
hacia *towards*
hasta *until*
hasta luego *see you soon / later*
hay *there is / are*
el helado *icecream*
el hermano/la hermana *brother / sister*

(¿qué) hora (es?) *(what) time (is it?)*
el horario *timetable*
hoy *today*

I

el idioma *language*
la informática *information technology*
el invierno *winter*
ir (de excursión) *to go (on a trip)*
la isla *island*
(a) la izquierda *(on / to the) left*

J

el jabón *soap*
el jardín *garden*
el juego *game*
el jueves *Thursday*
jugar *play (game)*
el juguete *toy*
juvenil *for young people*

L

la *the (f, sing.)*
al lado (de) *beside, next to*
la lámpara *lamp*
el lápiz/lapicero *pencil*
largo(a) *long*
el lavabo *sink*
la lavandería *laundry*
lavar/lavarse *to wash / to wash oneself*
leer *to read*
lejos (de) *far (from)*
levantarse *to get up*
la leche *milk*
la librería *bookshop*
el libro *book*
el limón *lemon*
limpiar *to clean*
la linterna *torch*
llamarse *to be called*
llegar *to arrive*
llevar *to carry, wear*
llover *to rain*
llueve *it's raining*
(hasta) luego *(see you) later / soon*
el lugar *place*
el lunes *Monday*

M

la madre *mother*
la magdalena *Spanish cupcake*
mal *unhappy, unwell*
la mano *hand (f)*
las manualidades *crafts*
la manzana *apple*
la mañana/mañana *morning / tomorrow*
el/la mar *sea (m / f)*
marrón *brown*
el martes *Tuesday*
más *more; most*

mayor *older*
las medias *tights*
el médico/la médica *doctor*
mejor *best*
menor *younger*
merendar *to have an afternoon snack*
la merienda *afternoon snack*
el mes *month*
la mesa *table*
la mesilla *bedside table*
mi(s) *my*
el miércoles *Wednesday*
mirar *to look at*
la mochila *rucksack*
la moneda *coin*
el mono *monkey*
la montaña *mountain*
moreno(a) *dark (hair, skin)*
los muebles *furniture*
el mundo *world*

N

nadar *to swim*
(la) naranja *orange*
la nariz *nose*
la natación *swimming*
negro(a) *black*
nevar/nieva *to snow / it's snowing*
la nieve *snow*
el niño/la niña *young boy / girl*
la noche *night*
el nombre *name*
el norte *north*
nuevo(a) *new*
el número *number*

O

o *or*
el oeste *west*
el ojo *eye*
el ordenador *computer*
la oreja *ear*
el oro *gold*
oscuro(a) *dark (colour)*
el otoño *autumn*
otro(a) *another, other*

P

el padre *father*
los padres *parents*
la página *page*
el país *country*
el pájaro *bird*
la palabra *word*
la paloma *dove, pigeon*
el pan *bread*
el pantalón *trousers*
el pantalón corto *shorts*
los (pantalones) vaqueros *jeans*
el papel *paper*
para *for; in order to*
la pared *wall*
el parque *park*

el   paseo *avenue, boulevard*
el   pasillo *hallway*
la   pasta de dientes *toothpaste*
el   pastel *cake*
la   pastilla *pill*
las   patatas fritas *chips; crisps*
      patinar *to skate*
el   patio *playground*
      peinarse *to brush one's hair*
el   pelo *hair*
la   película *film*
la   película de guerra *war film*
la   película del oeste *Western film*
la   película policíaca *thriller film*
la   pelota *ball*
      pequeño(a) *small*
      pero *but*
el   perro *dog*
el   pescado *fish (to eat)*
el   pez *fish*
el   pie *foot*
la   pierna *leg*
      pintar *to paint*
la   piscina *swimming pool*
el   piso *flat (apartment); storey, floor*
el   primer piso *first floor*
la   pizarra *blackboard, whiteboard*
la   planta (baja) *(ground) floor*
el   plátano *banana*
el   plato *plate*
la   playa *beach*
la   plaza *square*
el   pollo *chicken*
      por *for*
      por favor *please*
      ¿por qué?/porque *why? / because*
la   postal *postcard*
el   precio *price*
la   pregunta *question*
      preguntar *to ask a question*
el   premio *prize*
la   primavera *spring*
      primero(a) *first*
el   profesor *teacher (m)*
el   primo *cousin (m)*
la   prima *cousin (f)*
la   profesora *teacher (f)*
el   pueblo *small town, village*
la   puerta *door*
en   punto *exactly, precisely (time)*

Q

      ¿qué? *what?*
      ¿qué hora es? *what time is it?*
      ¿qué tal? *how are you?*
      querer *to want*
      querido(a) *dear*
el   queso *cheese*
      ¿quién? *who?*
la   química *chemistry*
los   quintillizos *quintuplets*

R

el   ratón *mouse*
el   recreo *break, playtime*
      recto(a) *straight*

el   refresco *soft drink*
el   regalo *present*
la   regla *ruler*
      regular *so-so, all right*
el   reloj *watch, clock*
el   río *river*
la   rodilla *knee*
      rojo(a) *red*
la   ropa *clothing, clothes*
      rosa *pink*
el   rotulador *felt-tip pen*
      rubio(a) *blonde, fair (hair, skin)*

S

el   sábado *Saturday*
      saber *to know (about something)*
el   sacapuntas *pencil sharpener*
el   saco de dormir *sleeping bag*
la   sala (de juegos) *(games) room*
      salir *to go out; leave*
el   salón *living room*
      saludar *to greet*
la   salchicha *sausage*
la   sandalia *sandal*
      seguir *to continue, follow*
      segundo(a) *second*
la   semana *week*
      ser *to be*
los   servicios *services; toilets*
      si/sí *if / yes*
      significar *to mean*
la   silla *chair*
el   sillón *armchair*
      simpático(a) *nice (person)*
      sin *without*
      sincero(a) *sincere*
      sobre *about; on (top of)*
      sobre todo *especially, above all*
el   sol *sun*
      hace sol *it's sunny*
la   sopa *soup*
      su(s) *his, her, its*
      subir *to go up, climb*
el   suelo *floor; ground*
la   suerte *luck*
el   sur *south*

T

el   taller *workshop*
el   taller de arte *art room*
el   taller de manualidades *crafts
                                     workshop*
      también *also, too*
(de/por) la tarde *(in the) afternoon*
la   tarjeta *postcard*
la   taza *cup*
el   té *tea*
      tener *to have*
      tercero(a) *third*
      terminar *to finish*
el   terror *horror*
la   tía *aunt*
el   tío *uncle*
el   tiempo *time, weather*
el   tiempo libre *free time*
la   tienda *shop*

la   tienda de camping *tent*
la   tirita *plaster (for cut)*
      tocar *to touch; play
                (an instrument)*
      te toca *it's your turn*
      todo(a) *all, everything*
      todo recto *straight on*
      todos los días *every day*
      toma/tome *here you are / take*
      tomar *to take*
la   tormenta *storm*
la   tortilla *omelette*
la   tortuga *tortoise*
la   tostada *piece of toast*
los   trabajos manuales *handicrafts*
el   traje *costume; suit*
el   tren *train*
      triste *sad*
      tú/tu(s) *you / your*
el   turrón *almond-based sweet*

U

      un(o)/una *a, one (m / f)*
      único(a) *only*
      unir *to join, link*
      usar *to use*

V

la   vaca *cow*
las   vacaciones *holidays*
los   (pantalones) vaqueros *jeans*
el   vaso *glass (for drinking)*
      venir *to come*
la   ventana *window*
      ver *to see, to watch*
el   verano *summer*
la   verbena *open-air dance*
      verde *green*
la   verdura *vegetables*
el   vestido *dress*
      vestirse *to get dressed*
la   vez *time (occasion)*
      a veces *sometimes*
el   viaje *journey, trip*
la   vida *life*
la   vídeo consola *video game*
el   viento *wind*
      hace viento *it's windy*
el   viernes *Friday*
la   vista *view*
      vivir *to live*

Y

      y *and*
      ya *now; already*
      yo *I*

Z

la   zapatería *shoe shop*
las   zapatillas de deporte *sports
                                      shoes,
                                      trainers*
el   zapato *shoe*
el   zumo *juice*

A

abroad el extranjero
address la dirección
afternoon la tarde
afterwards, then después
all, everything todo
all right, so-so regular
also, too también
and y (e before i and hi)
angry enfadado(-a)
apple la manzana
April abril
area, zone la zona
arm el brazo
armchair el sillón
art el arte; el dibujo
athletics el atletismo
August agosto
aunt la tía
autumn el otoño
avenue la avenida; el paseo

B

bad; unwell mal
badminton el bádminton
school bag la cartera
sleeping bag el saco de dormir
ball la pelota
ballpoint pen el bolígrafo
banana el plátano
basketball el baloncesto
basin el lavabo
bath el baño
to bathe, have a bath bañarse
bathroom el cuarto de baño
to be ser; estar
beach la playa
beautiful guapo(-a)
because porque
bed la cama
to go to bed acostarse
bedroom el dormitorio
bedside table la mesilla
behind detrás (de); atrás
below, underneath debajo (de)
beside, next to al lado (de)
best el/la mejor (m/f)
between, amongst entre
bicycle la bicicleta
big grande
biology la biología
bird el pájaro
birthday el cumpleaños
happy birthday feliz cumpleaños
biscuit la galleta
black negro(-a)
blackboard, whiteboard la
  pizarra
blonde, fair rubio(-a)
blouse la blusa
blue azul
body el cuerpo
book el libro
bookshop la librería
boot la bota
bored aburrido(-a)

bottom el fondo
at the bottom (of) al fondo (de)
boulevard el paseo
boy el chico; el niño
bracelet la pulsera
brand, make la marca
bread el pan
break, playtime el recreo
breakfast el desayuno
to have breakfast desayunar
brother el hermano
brothers (and sisters) los
  hermanos
brown marrón
to brush one's hair peinarse
to brush one's teeth lavarse
  los dientes
building el edificio
bus el autobús
but pero
to buy comprar

C

café la cafetería
cake el pastel
calculator la calculadora
calendar el calendario
to be called llamarse
campsite, summer camp
  el campamento
cap la gorra; el gorro
car el coche
cards (playing) las cartas
carnival el carnaval
fitted carpet la moqueta
to carry, wear llevar
cartoons los dibujos animados
cat el gato
(town) centre el centro (de la ciudad)
cereals los cereales
chair la silla
cheese el queso
chemist's la farmacia
chemistry la química
chest of drawers la cómoda
chicken el pollo
chimney la chimenea
chips las patatas fritas
chocolate (drink/food)
  el chocolate
cinema el cine
city, large town la ciudad
class, classroom la clase
clothes, clothing la ropa
coast la costa
coffee el café
(it's) cold (hace) frío
colour el color
comfortable cómodo(-a)
compasses el compás
computer el ordenador
cooker la cocina
(it's) cool (hace) fresco
corridor, hallway el pasillo
costume, suit el traje
country el país
countryside el campo

cousin el primo/la prima
crisps las patatas fritas
cup la taza
cupboard el armario
curtain la cortina
cycling el ciclismo

D

dancing el baile
to dance bailar
dark (colour) oscuro(-a)
dark (hair/skin) moreno(-a)
day el día
dear querido(-a)
December diciembre
diary, notebook la agenda
dining room el comedor
dinner/supper la cena
to have dinner/supper cenar
disco la discoteca
to do, make hacer
doctor el médico/la médica
dog el perro
dolphin el delfín
donkey el burro
door la puerta
to draw dibujar
drawing el dibujo
dress el vestido
to dress, get dressed vestirse
to drink beber
drink la bebida
(soft) drink el refresco

E

each cada
ear la oreja
earrings los pendientes
to eat comer
elbow el codo
end (film) el fin
end (event) el final
enjoyable, fun divertido(-a)
entrance la entrada
equipment el equipo
eraser/rubber la goma
every cada
everything todo
excursion la excursión
exercise (physical) la gimnasia
exercise (task) el ejercicio
exercise book el cuaderno
eye el ojo

F

family la familia
fancy dress el disfraz
fantastic fantástico(-a)
far (from) lejos (de)
fat gordo(-a)
father el padre
favourite favorito(-a)
February febrero
felt-tip pen el rotulador

festival la fiesta
field el campo
film la película
fireworks los fuegos artificiales
fish el pez; *(to eat)* el pescado
flask la cantimplora
flat (apartment) el piso
floor, ground el suelo
flower la flor
food, meal la comida
foot el pie
football el fútbol
for para
for (time) durante
fountain la fuente
free time el tiempo libre
French (subject) el Francés
Friday el viernes
friend el amigo (m) la amiga (f)
from, since desde
in *front of* delante (de)
fruit la fruta
fun, enjoyable divertido(-a)
funfair la feria
furniture los muebles

G

game el juego
(festival) game la cucaña
games room la sala de juegos
garden el jardín
geography la Geografía
German (subject) el Alemán
to *get up* levantarse
gift el regalo
girl la chica; la niña
glass (drinking) la copa, el vaso
glasses (spectacles) las gafas
to *go* ir
to *go down, descend* bajar
to *go out* salir
to *go to bed* acostarse
to *go up, climb* subir, escalar
good, well bueno(-a)
grandfather el abuelo
grandmother la abuela
great, wonderful estupendo(-a)
green verde
grey gris
ground floor la planta baja
guitar la guitarra
gymnasium el gimnasio

H

hair el pelo
hallway la entrada, el pasillo
hamburger la hamburguesa
hand la mano (f)
handicrafts los trabajos manuales
handkerchief el pañuelo
happy contento(-a), feliz
hat la gorra; el sombrero
to *have* tener
head la cabeza

headache el dolor de cabeza
hello hola
here aquí
high alto(-a)
history la Historia
holidays las vacaciones
home la casa
homework los deberes
horror film la película de terror
horse el caballo
it's *hot* hace calor
house la casa
how are you? ¿qué tal?
how is it spelt? ¿cómo se escribe?
how many? ¿cuántos(as)?
how much is it? ¿cuánto es?
how? (what?) ¿cómo?
to *hurt* doler

I

ice cream el helado
ICT la Informática
if si
ill enfermo(-a)
in en
interesting interesante
island la isla
Italian (subject) el Italiano

J

jacket la chaqueta
January enero
jeans los (pantalones) vaqueros
job el trabajo
journey, trip el viaje
(orange) juice el zumo (de naranja)
July julio
jumper el jersey
June junio

K

key ring el llavero
kitchen la cocina
knee la rodilla
knickers la braga

L

laboratory el laboratorio
lamp la lámpara
language el idioma, la lengua, el lenguaje
on/to the left a la izquierda
leg la pierna
lemon el limón
lemonade la gaseosa
library la biblioteca
to *like* gustar
to *listen to* escuchar
to *live* vivir
living room el salón
to *look at* mirar
love from (in letter) un abrazo

M

to *make / do* hacer
make-up el maquillaje
map el mapa (m)
March marzo
maths las Matemáticas
May mayo
meal la comida
meat la carne
milk la leche
milkshake el batido
mineral water el agua mineral
Monday el lunes
money el dinero
monkey el mono
month el mes
more, most más
morning la mañana
mother la madre
mountain la montaña
moustache el bigote
mouse el ratón
mouth la boca
museum el museo
music la música

N

name el nombre
near (to) cerca (de)
necklace el collar
to *need* necesitar
neither... nor ni... no...
new nuevo(-a)
next to al lado (de)
nice simpático(-a)
night la noche
no no
nose la nariz
November noviembre
now ahora
number el número

O

October octubre
of de
older mayor
omelette la tortilla
on, about sobre
on, at en
to *open* abrir
opposite enfrente (de)
orange la naranja
orange (adj) naranja

P

pain el dolor
to *paint* pintar
parents los padres
park el parque
party la fiesta
PE la Educación física
pen (felt-tip) el rotulador

pen (ballpoint) el bolígrafo
pencil el lápiz, el lapicero
pencil case el estuche
pencil sharpener el sacapuntas
people la gente
perfume el perfume
person la persona *(m/f)*
pharmacy la farmacia
pig el cerdo
pink rosa
place el lugar
plant la planta
plaster (for cut) la tirita
plate el plato
to play (game) jugar
to play (instrument) tocar
playground el patio
playing cards las cartas
please por favor
postcard la postal, la tarjeta
potato la patata
to prefer preferir
pretty bonito(-a)
procession (street) el desfile
pyjamas el pijama *(m)*

Q

question la pregunta

R

rabbit el conejo
to rain llover
red rojo(-a)
to rest, relax descansar
restaurant el restaurante
on/to the right a la derecha
ring el anillo
river el río
room el cuarto, la habitación
rubber (eraser) la goma
rucksack la mochila
rug la alfombra
ruler la regla

S

sad triste
salad la ensalada
sandal la sandalia
Saturday el sábado
sausage la salchicha
scarf la bufanda
school el instituto, el colegio, la escuela
science (subject) las Ciencias
science fiction la ciencia ficción
sea el/la mar *(m/f)*
see you later/soon hasta luego
to send enviar, mandar
September septiembre
sentence la frase
shelf la estantería
shirt la camisa

shoe el zapato
shoe shop la zapatería
shop la tienda
short bajo(-a)
shorts el pantalón corto
shower la ducha
to have a shower ducharse
to sing cantar
sink (kitchen) el fregadero
sister la hermana
to skate patinar
skiing el esquí
to ski esquiar
skirt la falda
to sleep dormir
sleeping bag el saco de dormir
slim delgado(-a)
small pequeño(-a)
afternoon snack la merienda
snow la nieve
to snow nevar
soap el jabón
sock el calcetín
sometimes a veces
song la canción
so-so, all right regular
soup la sopa
Spanish (subject) el Español
to speak, talk hablar
to spell escribir
sport el deporte
spring la primavera
square (place) la plaza
stadium el estadio
stairs la escalera
station la estación
storm la tormenta
story la historia
straight on todo recto
strawberry la fresa
street la calle
strong fuerte
student el/la estudiante *(m/f)*
to study estudiar
(school) subject la asignatura
suit el traje
summer el verano
sun el sol
Sunday el domingo
sunglasses las gafas de sol
suntan lotion el bronceador
supermarket el supermercado
supper la cena
to have supper cenar
sweater el jersey
to swim nadar
swimming la natación
swimming costume/trunks el bañador
swimming pool la piscina

T

table la mesa
table football el futbolín
table tennis el ping-pong,

el tenis de mesa
to take tomar
tall alto(-a)
tea el té
teacher el profesor/la profesora
team el equipo
television la televisión
to watch television ver la televisión
tennis el tenis
tent la tienda (de camping)
thank you gracias
the el *(m)*, la *(f)*
theatre el teatro
then después
there is/are hay
thin delgado(-a)
this éste/ésta/esto
throat la garganta
Thursday el jueves
ticket (bus/train) el billete
ticket (entrance) la entrada
tights las medias
time (clock) la hora
time (occasion) la vez
time (period) el tiempo
timetable el horario
tired cansado(-a)
toast la tostada
today hoy
toilets los servicios
tomorrow mañana
too también
tooth el diente
toothbrush el cepillo de dientes
toothpaste la pasta de dientes
torch la linterna
tortoise la tortuga
town (city) la ciudad
town (small) el pueblo
toy el juguete
trainers, sports shoes las zapatillas de deporte
tree el árbol
trip, journey el viaje, la excursión
trousers el pantalón
T-shirt la camiseta
Tuesday el martes

U

ugly feo(-a)
uncle el tío
underneath debajo (de)
underpants las calzonzillos
underwear la ropa interior
uniform el uniforme
until hasta
unhappy, unwell mal

V

vegetables la verdura
village el pueblo
to visit visitar

W

to	*wake up* despertarse
	want querer
	war film la película de guerra
	wardrobe el armario
to	*wash* lavar
to	*wash oneself* lavarse
	watch el reloj
to	*watch* ver
	water el agua (f)
to	*wear, carry* llevar
	weather el tiempo
	Wednesday el miércoles
	week la semana
	weekend el fin de semana

well, good bien
Western (film) la película del oeste
what? how? ¿cómo?
what's it like? ¿cómo es?
what's the matter? ¿qué te pasa?
what's your name? ¿cómo te llamas?
what time is it? ¿qué hora es?
what? ¿qué?
when? ¿cuándo?
where? ¿dónde?
where (to)? ¿adónde?
which? ¿cuál?
white blanco(-a)

who? ¿quién?
why? ¿por qué?
wind el viento
window la ventana
winter el invierno
with con
without sin
wonderful, great estupendo(-a)
work el trabajo

Y

year el año
yellow amarillo(-a)
young joven